日本のヤバい女の子

抵抗編

はらだ有彩

角川文庫
22907

はじめに――降ろされた幕をこじ開けて、物語の続きを

昔話の中には、理不尽な目に遭う女性がいます。彼女たちは奪われたり、捨てられたり、無理やり結婚させられたり、重責を背負わされたり、ナメられたり、敬遠されたり、ときには殺されたりします。

たとえば、『古事記』『日本書紀』に登場するコノハナノサクヤヒメは、妊娠したお腹を指して「ホントに俺の子？」と疑われます。同じくアマテラスオオミカミは引きこもるほど心に傷を負っても働かなくてはなりません。「絵姿女房《えすがたにょうぼう》」は会ったこともない男に攫《さら》われます。「松浦佐用姫《まつらさよひめ》」は社会に愛する人を奪われました。身体を揶揄《やゆ》されたり、一度ならず二度も命を奪われた女性たちもいます。

物語はなぜか、彼女たちの悲しみや苦悩をなんとなくスルーしたまま進んでいきます。

──そういう話だから。そういう風に決まっているから。

でも、みんな、本当に平気だったのでしょうか。怒っていなかったのでしょうか。

怒っていいんだよ、と言われる、言える時代になってしばらく経ちました。いやだと思ったら声を出せる。運命だと受け入れず、拒否したり、怒りをあらわにできる。それでも、怒るのは難しいことです。始めるのも持続させるのも体力を消耗します。「また？」と面倒な顔をされたり、その瞬間の表情を切り取って感情的だと言われたり、すぐに十分な手ごたえを感じられない場合もあります。怒りが薄れていく毎日に罪悪感を抱くこともあります。

昔話の中には、取り返しのつかない罪を犯してしまった女性もいます。裁かれる彼女たちの横顔を「うつくしい悪女萌《も》え」と持て囃《はや》す視線はあれど、「どうしてそんなことをしたの」と聞く人は多くありません。生まれながらにして悪逆無道だったのか、それとも救済の欠如によって、悩み、後悔しながら人ならざるものに変わっていったのか。限界を迎えてしまう、もっともっと前に怒ることができていれば、破滅に向かわずに済んだのか。いずれにせよ彼女たちの罪の理由もまた、なんとなくスルーされたままです。

——女というのはそういう生き物だから。そういう風に決まっているから。

昔話を見渡して、ふと気づいたことがあります。

もしかしたら、怒りを表現する方法は一つだけではないのかもしれない。泣いたり、暴れたり、叫んだりしていないからといって、怒っていないとは限らないのかもしれない。

たとえば——

楽しく暮らすこと。サボること。
全然話を聞かないこと。真実を教えないこと。
ずっと忘れないこと。二秒で忘れること。
ここに立っていること。消えてやらないこと。
生きていること。

生きていたこと。

静かだけど、これらも確かな抵抗の表明なのかもしれない。人々を尻目にニヤリとしている女の子を、あるいは気付かれずにがっかりしている女の子を、自分でも知らないうちに奮い立っている女の子たちを追いかけて、呼びとめて、「あの時」考えていたことを聞いてみたい。

これは昔話の女の子たちと「ああでもない、こうでもない」と文句を言いあったり、悲しみを打ち明けあったり、ひそかに励ましあったりして、一緒に生きていくための本です。

＊

この本は、前編にあたる『日本のヤバい女の子 覚醒編』を読んでいても読めるし、読んでいなくても読めるようになっています。なぜなら、私たちの物語はただすれ違っていくだけだとも言えるし、どこか遠くで繋がっているとも言えるからです。私たちはずっと同じ悩みを抱えているかもしれなくて、それは歯がゆいことです。だけど降りてしまった緞帳《どんちょう》をこじ開けて、エンドロールをほじくり返し、勝手に語り続けられるということでもあります。

昔むかし、超生きていました。そして今も生きています。

めでたし、めでたし。

にする予定だから、ちょっと手伝って。

目次

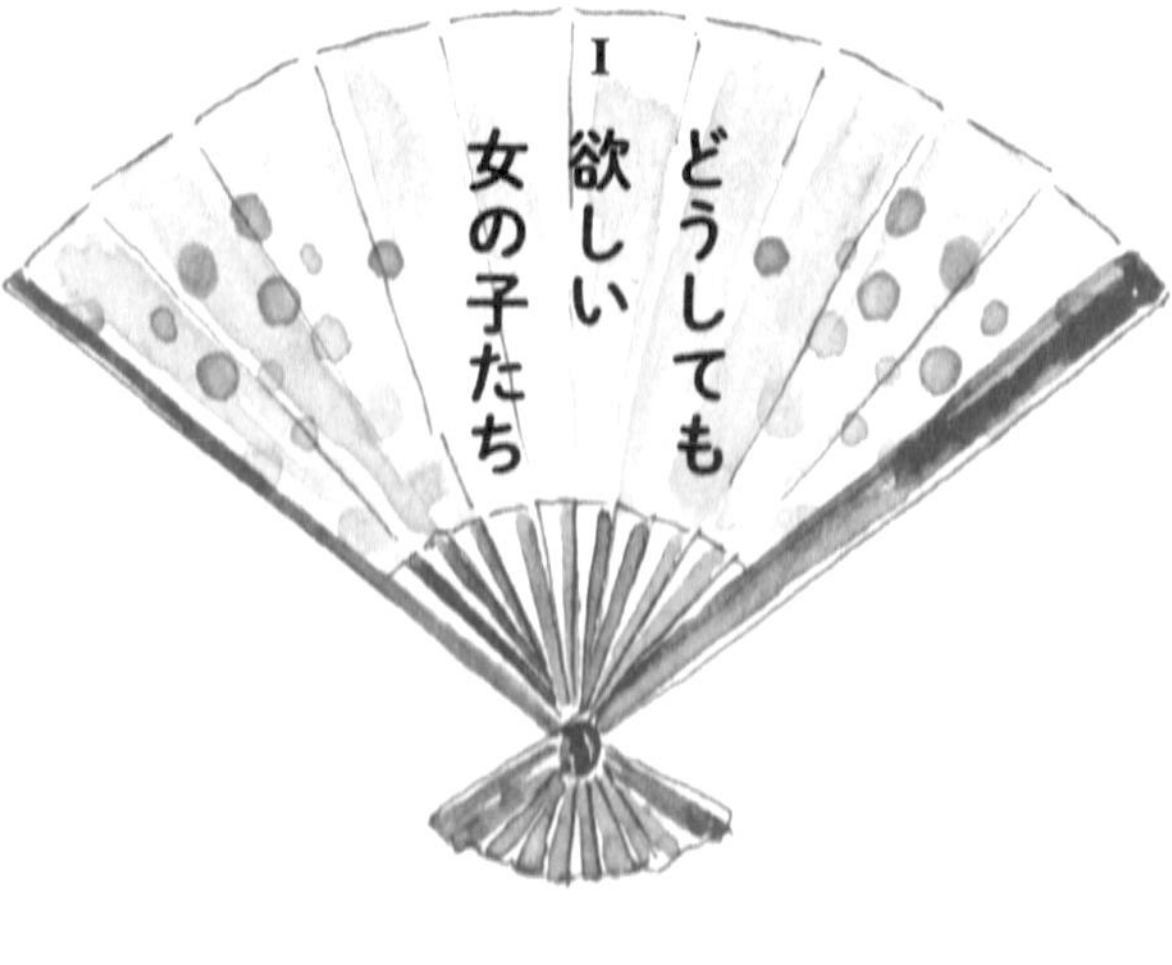

I どうしても欲しい女の子たち

case study 1

オタクとヤバい女の子——鬼を拝んだおばあさん

私が心から愛してやまないものは、世間の人にとって褒められたものではないらしい。いつも眉をひそめられてしまう。そんなときはちょっと悲しい顔をしてみるんだけど、「好きすぎてヤバい」問題の方が深刻だったりする。

昔々、今でいう富山県のあたりに、おばあさんが暮らしていた。おばあさんは変わり者で、「鬼」を熱心に信仰していた。普通の人が「仏様……仏様……」と唱える場面で、一人だけ「鬼様……鬼様……」と祈るのである。周囲の人々は「鬼はまずいって、やめなよ」と止めるが、聞く耳を持たない。結局、おばあさんは天寿をまっとうするまで、生涯鬼を拝み続けた。

さて、亡くなったおばあさんは三途の川を越え、閻魔大王のデスクの前に立たされていた。閻魔帳に目を通しながら、大王は正直ちょっと引いていた。何これ。資料に「生前、一度も仏を拝んだことがない」「鬼を拝みまくっていた」とか書

いてあるんだけど。いったい何を経験したらこういう思想になるんだ？　変な人間だな。とにかく一度も仏様を拝んだことがないのはダメだろ。――というわけで、おばあさんは地獄へ落とされる運びとなった。

　しかし、恐ろしいはずの地獄へ一歩足を踏み入れた瞬間、おばあさんのテンションはぶち上がった。何しろ、これまでずっと崇拝してきた鬼がその辺をうろうろしているのだ。これは夢だろうか？　長年追いかけてきたバンドの打ち上げに参加できてしまったバンギャのような心持ちで震えながら周囲を見渡す。

　一方、鬼の方でもちょっと照れていた。普段、なかなかスポットライトの当たらない職種である。自分たちをいつも拝んでくれた人間と対面するのはうれしくて気恥ずかしい。おばあさんには釜茹での刑が言い渡されたが、鬼たちはこっそり特別な釜を用意してくれた。小ぶりの釜に四十二度くらいのいい感じの湯が沸いていて、おばあさんはホカホカになった。リラックス＆デトックスするばかりでまったく意味がないので、針山を登る刑にプランが変更された。鬼たちはおばあさんの通り道だけ針を抜いてくれた。おばあさんが無傷で針山の頂上へ到着すると、絶景が待っていた。あちらこちらで鬼が働いているのが見える。遠くの方には極楽がぴかぴかと光っている。こんな素晴らしい眺めはない。よし、ここに住もう。

　勝手に永住計画を進めるおばあさんに閻魔大王はすっかり閉口してしまった。罰が罰にならないのでは本末転倒。成果の出ないことにリソースを割いても仕方がない。結局、この案件は極楽へ回されることになった。おばあさんはいい夢見させてもらったな〜と思いながら、さびしそうに見送ってくれる鬼たちに手を振り返し、極楽への階段を登るのだった。


　この物語を初めて知った時、私はあまりのアホらしさに興奮した。何かこの人、見たことある。この……誰に何を言われようと、逆境に立たされようと、一人で楽しそうなこの感じ……。

　——オタクだ。

　鬼推《お》しのオタクだ。ではこれは、オタクすぎて地獄行きになった人の話ってこと？　そんなアホな。しかしひとしきり笑ったあとで、突然楽しい気持ちがストップし、正体不明の気味悪さに襲われた。ん？　この人って本当に、なんで地獄に来ることになったの？

　釜で茹でられたり、針山を歩かされたりすることは、笑いごとでない苦痛を伴う。

結果的には面白おかしいオチになっているが、本来なら愉快な要素は何ひとつない。そしてその責め苦を受けるおばあさんはいたって普通の人だ。地獄の釜や針山というベタな地獄絵図からは衆合地獄や叫喚地獄、無間地獄などが思い起こされるが、それに相当する殺人や窃盗や詐欺といった罪をおばあさんが生前に犯した描写は特にない。鬼とのコミュニケーションを見ていると、「普通」どころか、どちらかというと気のいい部類の人物っぽい。そもそも前科があれば、いくら堪《こた》えていないからといっても極楽へのルート変更は難しそうだ。それでも彼女には熱湯に放り込まれる刑や、串刺しになる刑がもっともらしく準備されていた。鬼を拝んだ行為のみによって、「ほんとうは別に罪ってほどじゃないんだけど、なんとなく異端っぽいから」というふわっとした理由のみによって、彼女の運命は決められていたのだ。閻魔さま、一介の人間が差し出がましいようですが、何してくれてんの？

「拝む」というのは、何かを心の拠りどころにする行為である。これは私の想像だが、多分、おばあさんは最初からずっとこんな風にコミカルなキャラクターだったわけではない。少女時代から青春を経て大人になり、さまざまなライフステージでいろいろな経験をしたはずだ。一人の人間が老人と呼ばれるまでの数十年間という時間の中には、わーっと泣きながら走り出すほど悲しいことや、ただ立っている以外に何もできないほど苦しいことがあっただろう。その折々で鬼は彼女を支えてくれた。もちろん実際に目の前に現れて何かしてくれたわけではなく、ただ概念として存在していただけだ。しかし鬼という概念があるだけで彼女の心は明るくなり、信じるものに傾倒する充足感は日々を少なからず豊かにした。そうやって自分を奮い立たせてくれた「日常に立ち向かって良く生きようとしたときに救ってくれたもの」「人生を幸福のうちに終えさせてくれたもの」が否定され、救われていた自分自身までもが悪いものだったとジャッジされる。信仰に限らず、この通告は私たちの生活に日常的に降り注ぐ。

そんなの未《いま》だにやってんの、あんただけだよ。もっと有意義なことした方がいいよ。プロになるわけでもないのに、無駄じゃない？　めっちゃお金落としてるの、引くわ。子供の遊ぶやつじゃん。気休めじゃん。

「あなたが好きなものは、普通は人生を豊かにするようなものじゃないから」「一般的にはこういうものを拠りどころにするべきだから」という理由で縋《すが》っているものを否定される。それはある意味では地獄よりも恐ろしい。……と、第三者である私は勝手に憤慨しているのだが、当の本人、おばあさん自身は何だかまったく気にしていない。

　そもそも、最初から地獄に落とされるとわかっていたらおばあさんは鬼を拝むことをやめたのだろうか。周囲の人は「死んだあと恐ろしい目に遭うよ」と警告したかもしれない。だけど彼女は信仰し続けた。たとえ本当に煮えたぎる湯の中に落とされても一ミリも後悔しなかっただろう。おそらくおばあさんは、おばあさんになるまでの人生の中で「お前は間違っている」と何百回、何千回も言われてきた。だから、今さらそれが一回分増えたところで（あー、またか、まあいいや別に）としか思わなかった。だって、鬼だけが彼女を救ってくれたのだ。他の何も彼女を救えなかった。あなたは「良い」の定義から外れているから「悪い」ものに分類しますよ、と言われても、その「悪い」がまるきり自分の「良い」だった場合、心の痛めようがない。

　それにしても鬼への信仰を否定されたとき、おばあさんは不愉快に思わなかったのだろうか。抗議したくはならなかったのだろうか。閻魔大王の権力に屈して、あるいは閻魔大王が鬼の上司に当たるので忖度《そんたく》して、黙っていたのか？　しかし「お前は間違っている」と言われ、好きなものを否定されたとき、「いや、お前こそが間違っている！」と声高に反駁《はんばく》しないからといって、不当な扱いを受け入れているとは限らない。だって閻魔大王は面と向かって反論されるよりも、大声で泣かれるよりも、おばあさんが一切気にせず楽しくハッスルしている状態が一番困るだろう。この物語の中では、ただただ、おばあさんがおばあさんとして存在していることが、第三者のジャッジメントを無効化している。彼女は鬼に救われると自分で決め、そして事実、軽快な心持ちで人生を生ききった。生ききった時点で彼女の一人勝ちなのだ。

＊

クライマックスでおばあさんは極楽へ行ったが、彼女にとって極楽が良いところなのかどうかはわからない。極楽に鬼はいない。きっともう二度と会えないだろう。しかし、そんなことは瑣末な問題かもしれない。鬼と初めて対面したとき、窮地を救われたとき、今まで想像のみで賄《まかな》っていた「生きるよすが」に色がつき、動きが生まれ、体重や息遣いまで感じることができた。鬼たちはおばあさんの思想と行動にレスポンスまでくれた。本当に鬼が存在しているか不確かだった生前でさえ強い熱量で乗り切ったのだから、目の前でその対象が動いて自分に働きかけてくれた今、おばあさんは無敵である。四六時中生活をともにしていなくても彼女の魂は守られている。離れ離れになっても、目を閉じて呼べば浮かんでくる。

ありがとう、私の神様。私のヒーロー。私の源泉。極楽でも超ハッピーに暮らしてみせる。だからこれからも心の中に、永遠に住み続けていてね。誰に何と言われようと、来世でも推《お》します。

こんなこと知りたくなかった。もう立ち直れない。子供の頃は何も気にせずに笑っていられたのに。大人になんてなりたくない。えっ、明日から海外通販サイトのセール？　我慢しておいてよかった〜。あっぶね〜。ああ、明日が待ちきれない。

case study 2 年齢とヤバい女の子——辰子《たつこ》姫《ひめ》（辰子姫伝説）

秋田県の山間の村に、一人の女の子が暮らしていた。素朴でやさしい、辰子《たつこ》という名の子だ。辰子は数年のうちに成長し、うつくしい少女となった。周囲から「年頃」と言われ、同年代の少女たちと同じように大人として扱われはじめても、しばらくの間、辰子は自分の顔かたちに無頓着だった。子供のように野山を駆けまわって遊んでいた。

しかしある時、ふと鏡を見て気づく。

（もしかして……私って、かなりカワイイのでは？）

それ以来、辰子は自身のうつくしさについて考え込むようになった。自分に価値を感じれば感じるほど、今の自分を愛しく思うほど、この瞬間を永遠にとどめられないことが苦しい。

（私って今、かなりイケてると思う。せっかくこんなにカワイイのに、この顔が加齢とともに変わってしまうなんて我慢できない。なぜ今「良い」のに、失われなければならないんだろう。若さ。永遠の若さが欲しい。）

辰子は願いを叶えるべく、大蔵観音への百日詣《ももかまい》りを決行した。百日目の夜、観音様からお告げがあった。

――北の山奥に泉が湧いている。泉の水が、お前の望みを実現してくれるだろう。

急いで指定された山へ向かう。家族に黙って家を抜け出し、暗闇を何時間も一人で進んだ。こうしている間にも一分、一秒が経過している。一秒は蓄積して一日になる。百日詣りなんてあっという間だった。四回もやればもう、一年だ。一年経てば年齢が一つ増える。私は一刻も早く時間を止めなければならない。

深い山奥に、果たしてその泉はあった。透き通る水面に覗き込んだ顔が映る。

うん、やっぱりカワイイ。手を掬《すく》い入れると水鏡の波紋の中でカワイイ顔はぐにゃぐにゃとうごめいた。これを飲めば今を永遠にできる。どきどきしながら口をつける。

それはこれまで飲んだどの水よりも清涼だった。果てしなく透明で、すうっと冷たく、細胞にまで染み込んでいくみたい。確かめるようにふたたび手で杓《しゃく》を作る。美味しい、素晴らしい水だ。山道を歩きまわって喉が渇いていたことに、今気づいた。さらにもう一杯、二杯。もっと、もっと飲みたい。だってこんなに渇いている。掬って口元へ持っていく暇も惜しい。辰子は突然その場にうずくまり、泉に顔を突っ込んで直接水を啜《すす》りはじめた。それでもまだ足りない。足りない、足りない。

足りない！！！

泉の水位はどんどん下がり、それに反比例するように辰子の体は膨らんでいた。正確には、膨らむというよりは長く伸び、滑らかな肌には鱗《うろこ》が隆起し、黒く艶《つや》やかな髪はざわざわと逆立ち――

――そこにいたのは人間の女の子ではなく、一匹の龍だった。

我に返った辰子は自分がどうなってしまったのかをはっきりと悟った。ああ、ああ。確かに永遠に生きられる。これで私はいつまでもとどまることができる。彼女はそのまま泉に沈み、田沢湖《たざわこ》（現・秋田県仙北市）の主《あるじ》として生き続ける運命となった。

家では、辰子の母親が帰らない娘を心配していた。方々を捜しまわり、ようやく辿り着いた頃には、娘は龍へと姿を変えていた。変わり果てた辰子に母は泣く。どんな外見であろうと愛する娘に変わりはないが、今までのように一緒にいることはできない。もう懐かしい顔も見ることができない。深い悲しみを胸に、手向けとして湖に松明《たいまつ》を投げ入れた。火はジュウ、と音を立てて消えたが、薪《たきぎ》は一匹の魚へと姿を変え、泳ぎはじめた。その魚は国鱒《くにます》と呼ばれるようになった。

いつまでも若くありたい。その気持ちはよくわかる。スポーツ選手でなくとも健康な肉体をできるだけ長く保ちたいと思うし、脳の機能が経年とともに低下するのならできるだけ先延ばしにしたい。もちろん若いからといって人類全員がいつも元気で、五〇メートル走は六秒台、暗記も得意で徹夜も余裕……なんてあり得ないし、個々の置かれた状況にもよるが、人生において身体のパフォーマンスはいつかピークを迎え、その後下降する。「人の一生」において若さは確かに素晴らしい。若者は人類の希望だ。

と、ここまではわかるのだが、テーマを《「女の一生」における若さ》に限定すると、途端にわからなくなる。何がわからないかというと、正直、自分でも何がわからないのかわからない。ただ、何となく周囲の空気が自分の考えていることとズレているような感覚が、まるで「転職三日目で前任者が辞めてしまって重要な引き継ぎを忘れられている気がする時」のような、言い知れない不穏さで横たわっている。自分の知らないところで決まったらしいルールが存在し、そのルールを前提として話が進んでいくんだけど、自分だけがピンと来ていないような感じなのだ。

「女房と畳は新しい方が良い」ということわざを直接耳にする機会はさすがに今は少ないが、テレビで、雑誌で、インターネットで、仕事場での他愛もない会話で、親族の集まりで、「若い女の子」はすごく良いものとして取り扱われる。私はそれを見て（えっそうなの!?　何で??）となる。対して、「あまり若くない女」は良くないものとして取り扱われる。両者は同じくらいの熱量をもって持ち上げられたりこき下ろされたりする。それを見てまた（えっそうなの！？？　何で？？）となる。そして「ここまでは若い」「ここからは若くない」というガイドラインは暗黙のうちに定められている。そのガイドラインに則《のっと》ると、「人としては若者だが、女としてはもう若者ではない」というような不可解な現象が起きる。「若い女は老いた女よりもイケている」とみんなが信じているという前提で、女性に対する悪口は大抵、ブスかババアで賄《まかな》われる。それを見てまた（えっそうなの！？？　何で？？）となる。
こんな風に何ひとつわからないまま、私は大人として過ごしている。

辰子はなぜ老いることを拒んだのだろう。

老いについて考えるとき、海野つなみ先生による漫画が原作の、ＴＢＳドラマ『逃げるは恥だが役に立つ』（二〇一六年放送）のキャラクター「百合《ゆり》ちゃん」を思い出す人は多いだろう。百合ちゃんは四十九歳。外資系化粧品会社に勤めるキャリアウーマンである。百合ちゃんは自分のことを好いている三十二歳の男性・風見、を好いている二〇代女性・杏奈に年齢を揶揄《やゆ》される。杏奈は「十七歳も違うのに（風見が）恋愛対象ってことはないですよね」「五〇にもなって若い男に色目使うなんて」と百合ちゃんと風見の可能性を否定する。四十九歳の百合ちゃんより、二〇代の自分が三十二歳の風見の相手にふさわしい、と百合ちゃんを萎縮させようと試みる。「アンチエイジングにお金を出す女はいるけど、老いに進んでお金を出す女はいない」。そうふっかける杏奈に百合ちゃんは、若さにしか価値がないと思う感覚は呪いによるものだと警告し、「自分に呪いをかけないで。そんな恐ろしい呪いからはさっさと逃げてしまいなさい」と語りかける。

年齢を重ねた女性が、重ねていない女性よりも劣っている……という話題があがると、「男性が若い女性を好むのは本能によるもの」「生殖能力が高い方が魅力的に見えるようにプログラミングされている」という言説がしばしば出現する。医療と社会が未発達な時代や、野生動物の世界でのみ、それは有益な指針だろう。すべての女性が男性に「選択」されることを望み、「選択」は生殖能力のみを基準に行うのが望ましい世界線であれば、若返るために処女の生き血を浴びたエリザベート・バートリを笑うことができるだろう。そして生殖能力の高さを象徴する外見のみを「美」として固定することに、何の疑問も持たないだろう。

辰子も、誰かに言われたのだろうか。「今はカワイイけど、年取ったら誰にも見向きされなくなるよ」。百合ちゃんの言う「呪い」を、村の誰かが彼女にかけたのだろうか。

一つ引っかかっていることがある。うつくしさを追い求める辰子は、その実、他人の目をまったく気にしていない。この物語には、彼女のうつくしさ、彼女の若さを評価する人物が実は登場しない。存在するのは辰子本人と、彼女を大切に思う母親だけである。私は、辰子が第三者による評価のために美を保とうとしたのではないと想像してみる。

とても幸福なとき、あるいは、とても幸福だったなと振り返るとき、「今が永遠になればいいのに」「あの時が永遠だったらよかったのに」と渇望する。でも基本的に私たちは永遠ではない。生きて、老化して、ババアとかジジイとか言ってる場合じゃないくらい何もかも変わっていって、朽ちて、無機物になっちゃって、――その先は？　私たちのことを覚えている人も死んで、子孫がいれば子孫も死んで、縁がある人たちも記録の上でしか私を知らなくなったら？　今こんなに幸せなのに、あの時あんなに幸せだったのに、なかったことになるのかな。あるいは、もっと近い未来、愛していた世界が変わってしまって、幸せじゃなくなってしまう日が来るのかな。

あの日、もしも辰子が時間を止めたいと思った理由が、皮膚のハリやほうれい線、シミやたるみじゃなかったら。いや、別に美容的アンチエイジングが目的でもいいんだけど、もしそれが面白おかしく語るための編集済みのストーリーで、実は他にも動機があったとすれば。辰子が「今この瞬間が、時間をとめたいほど幸せだったから」だといいな、と思う。そして変わりたくなくなってしまうほど幸福だったのなら、彼女の母親がそれを知る術があればいいんだけど、と願う。今も彼女は若き龍の肉体で生き続け、日本一深い湖の底で愛しい時代を反芻《はんすう》しているのかもしれない。

すべてを捨てて時間の概念と決別し、辰子の世界は完結したように思えるが、この物語には後日譚がある。

ある日、一匹の龍が辰子の住処《すみか》を訪れる。田沢湖の北西にある八郎潟《はちろうがた》の主、八《はち》郎太郎《ろうたろう》だ。

彼もまた人間から龍へと変身した身であった。人間だった頃は漁をして生計を立てていて、ある日、空腹のあまり仲間の魚を食べた罪によって龍の姿になった。その後は青森県と秋田県の県境にある十和田湖《とわだこ》に住んでいたのだが、南祖坊《なんそのぼう》という修験僧と土地をめぐって争い、敗れて南下してきたとのことだった。
似た境遇の二人は惹かれ合い、恋人となる。田沢湖はとても深く、水が凍らないため、八郎太郎は東北の長い冬を辰子とともに田沢湖で過ごすという。

八郎太郎という新キャラクターが登場したことにより、ストーリーは「八郎太郎の登場前」と「八郎太郎の登場後」の二つに分けられた。「以前」と「以後」があるということは、辰子の時間はストップしていない。変化が起こり、歴史が存在している。時間はいつも辰子を変化させる。「以前」の辰子は八郎太郎を知らなかった。龍になった人間が自分以外にもいるなんて、想像もしなかった。

そういえば、田沢湖にはもう一つ「以前」と「以後」がある。辰子の母親が投げ入れた薪から生まれた……と言われる国鱒《くにます》は、近くを流れる玉川の水を田沢湖へ引いたことが原因で一九四〇年代後半に絶滅したと考えられていた。しかし二〇一〇年になって、かつて孵化実験のために山梨県へ送られた卵が繁殖していたことが発覚し、絶滅指定が取り消された（当時、さかなクン氏が発見のきっかけになったというニュースを見た記憶がある）。七十年近く、この魚は再発見されるのを待っていた。確かに時が流れなければ国鱒は絶滅しなかったが、同じく時が流れなければ、発見もされなかったのだ。

変わりたくないのに変わらなければならないことは、つらい。自分は何も変わっていないのに、「変わったね」と言われ、評価を変えられることも。自分は変わらないのに周りだけがどんどん変わっていってしまうことも。

一度変化してしまえば遡《さかのぼ》って元に戻ることは絶対にできない。こうしている間にも一分、一秒が経過している。一秒は蓄積して一日になり、記憶や、知識や、経験や、感動や、関係性として過ぎ去っていく。自分のうつくしさに気づく前と気づいた後。今のままでいたいと思う前と思った後。泉の水を飲む前と飲んだ後。母が泣きながら松明を投げ入れる前と投げ入れた後。自分と同じ過去を持つ男の子と初めて話す前と後。一つの種が死に絶え、また見出される前と後。

＊

今年もまた誕生日が近づいてくる。私、去年の今頃持っていたもの、全部なくしてしまった。そりゃあ新しく手に入れたものもあるけど、またあっさり失くすかも。やっぱりそんなもの手に入れなければよかったと思うかも。だけどバースデーがおめでたくないなんてありえない。だって、「いなかった」状態から「いる」という状態になった日なのだ。きっとそのうち「いる」状態から「いない」状態になる日も来るけれど、それでもやっぱり、いたものはいたのだ。いなくなったからって、最初からいなかったことには誰もできない。

ところでバースデー・ケーキの生クリームって、絶対もっと多い方がよくない？　泡立てながら、ボウルに顔を突っ込んで飲み干したいくらい。蠟燭を数えるのが面倒だから、いっそのこと松明一本で間に合わせてしまおう。キャンプファイヤーよろしく燃え上がる炎を吹き消し、龍のようにたゆたう煙を吸い込みながら、お願いごとを一つ心の中でつぶやいてみて。

case study 3 略奪とヤバい女の子——鬼女紅葉《もみじ》（紅葉伝説）

ある人は天使だと言い、またある人はひどい不良だ、ありゃ悪魔だと言う。私も彼女の正体がわからない。彼女自身もときどきわからなくなったりするのだろうか。それとも自分の胸にたずねれば、いつでも迷わず進むことができるのだろうか。

会津《あいづ》に子供のいない夫婦が暮らしていた。かつて京でクーデターの罪を疑われ伊豆に流された伴善男《とものよしお》の子孫だ。夫婦は第六天魔王に祈りを捧げ、やがて女の赤ん坊を授かった。呉葉《くれは》と名づけられた赤ん坊はうつくしく賢く、琴が上手な娘に育った。そしてなぜか、彼女は生まれながらにして妖術を操ることができたのである。

年頃になった呉葉に、近所に住む富豪の息子が恋をした。男は強引に結婚を進めようとしたが、呉葉は普通に嫌だったので妖術を使ってこのピンチを回避することに決めた。自分にそっくりな分身を作り出し、男のもとへ送り込む。男はい

っさい気づく気配もなく、作戦は大成功。一家は彼からせしめた金で京へ移り住んだ。両親は一族が追放された都会へ帰ることに、強い渇望を持っていた。

親子三人は引越し先で新しく商売を始めた。呉葉は紅葉《もみじ》と名を変え、琴を教えることにした。うつくしく聡明な紅葉の噂はたちまち源経基《みなもとのつねもと》の耳に入る。持ち前のチャームでみるみる出世した紅葉は経基の寵愛を受け妊娠した。

紅葉はそこで、シンプルに思い至る。

この男を独占したいな。そう思うと、経基の正妻がとても邪魔な気がしてくる。そうだ、呪えばいいいんじゃん！　私が一番になれば、お父さんもお母さんもあんなに住みたがっていた京で安泰だし。

……と紅葉が閃《ひらめ》いたかどうかはわからないが、彼女は御台所《みだいどころ》（正妻）に術をかけた。

普通の人間である御台所はなすすべなく病に倒れ、日毎に衰弱していく。よっしゃ、もうちょっと。と紅葉がよろこんだかどうかはわからないが、その野望が叶うことはなかった。経基が助けを求めて駆け込んだ比叡山の高僧によって呪いの正体が突き止められ、彼女の悪事はバレた。

紅葉と両親の三人は泣く泣く信州の山奥に流されていった。信濃国《しなののくに》は戸隠《とがくし》・水《み》無瀬《なせ》。紅葉はそこで経基の子を生み、村人に都の文化を教えたり、病気を治したり、出産を助けたり、札を売ったりして暮らした。村人たちは都会から来たうつくしく聡明で人当たりのいい、ミステリアスな女を好意的に受け入れ、彼女を貴《き》女《じょ》と敬った。

人々は優しかったが、紅葉はやっぱり京に帰りたかった。村のあちこちに京にちなんだ地名をつけても気持ちは慰められない。それに、成長した我が子を見るにつけ都会に戻してやりたいと願わずにいられない。日に日に燃え上がる野心。彼女は水無瀬の里を出て荒倉山に拠点を移し、毎晩のように旅人や村を襲っては、軍資金を集めるようになる。平将門の残党や、怪力と健脚が自慢の女傑・お万《まん》らが仲間だ。盗賊団の噂は京まで伝わり、紅葉は貴女ならぬ鬼女と恐れられた。

九六九年、とうとう平維茂《たいらのこれもち》が討伐のため信濃へ派遣される。紅葉は盗賊一味を率いて応戦するも敗れ、首をはねられて死んだ。赤く色づいた山が燃える。いつのまにか少女は大人になっていた。三十三歳の秋だった。

紅葉は生まれながらにしてうつくしい顔、教養、才能、そして人知を超えた強い力を持っていた。自らのリソースを然るべきシーンで使いこなし、理想を追ってひた走ることができた。この一面だけを見るととても恵まれた、才気溢れる人物のように思える。しかし彼女の心持ちが生涯明るかったかどうか、私にはわからない。ブロードウェイで一九七一年に初演されたアンドリュー・ロイド・ウェバー作曲／ティム・ライス作詞のミュージカル『ジーザス・クライスト・スーパースター』では、イスカリオテのユダが、十字架を背負い処刑場へ向かうキリストの周りを踊り狂いながら歌い叫ぶ。

「私にはわからない。こんなにも恐ろしいことさえしなければ、あなたは酷い目に遭わずに済んだのに……なぜ自ら破滅へ向かうんだ？」

最も愛していて、最も憎らしいキリストへのユダの血の叫び。私は千年以上未来の、水無瀬とは縁もゆかりもない土地でたまたま彼女の物語を知っただけの行きずりの人間に過ぎないが、ユダに似た感覚を紅葉に対して抱いてしまう。しかし、「なぜ」と問うことは、紅葉に、少女時代の呉葉に、「お前は死んだように生きていればよかったのに」と責めることだとも言える。

もしも呉葉が、紅葉が、立ちふさがる壁を自力で破壊する能力を持っていなかったなら、鬼女は生まれなかっただろう。盗賊団の噂も流れず、討伐隊が派遣されることもなく、そもそも経基に見出されることも、御台所を殺しかけることもなく、ただ地元会津で、好きでもない男に強引に嫁がされ一生を終えただろう。紅葉の巨大な力は間違いなく彼女自身を生かした。だけど大きすぎて、最後には持ち主を殺してしまった。

富豪の息子を騙すのは仕方なかったとしても、京都である程度の成功を収めたとき、へんな気を起こさずに満足して生きていけばよかったのに、と思うかもしれない。あるいは流刑で済んだんだから、もう水無瀬で穏やかに暮らせばよかったのに、とも。私も思う。確かに今ならそう思う。すべてが終わってしまった、そのずっと後からなら。

紅葉伝説は鬼が退治される物語なのに、鬼の人生にずいぶん寄り添って語られる。生い立ちに始まり、転機や挫折など、ちょっと感情移入してしまいそうなエピソードが多分に盛り込まれている。彼女の両親が明らかに帰京を願っている設定まであり、（もしかして親を思って都に執着したのかな……）（息子が生まれて、この子に地位を用意してやりたいと思ったとき、都を目指す親の気持ちがわかったりしたのかな……）などと勝手に想像してしまう。すっかり彼女の人生を知ってしまった今、読後に勧善懲悪のスッキリ感はない。かといって、明治時代に書かれたという「北向山霊験記」では紅葉はかなりの悪行を重ねているので、全面的に擁護するのも気が引ける。ややこしい話である。しかし現実っぽい話でもある。どんなに評判が悪くても友達なら肩を持ってしまいたくなる。もう、ホント、なんでそんなことしたの！　余計なことするからじゃん！　相談してって言ったじゃん！　……と絶望しながらも助けてしまいたくなる。

ややこしい原因は他にもある。紅葉が晩年の住処とした水無瀬では、彼女の評判はすこぶるいいのだ。この付近一帯でのみ、紅葉伝説は特別な伝えられ方をしている。紅葉は加害者ではなく被害者だというのである。

盗賊になったのは悪党に唆《そそのか》されたからで、彼女は利用されたにすぎない。盗賊団の仲間は彼女が故意に集めたのではなく、うつくしい琴の音色に魅了されて自発的に集まってきた。金が必要になったのは、私財を投げ打って村を開発したから。彼女は確かに付近の村を襲いはしたが、水無瀬の里には決して危害を加えなかった。彼女は村人たちに対して本当に優しく接し、素晴らしい知識をたくさん与えてくれた。というか、そもそも御台所の暗殺なんて計画していなかった。実は経基の子を身籠《みごも》ったために御台所にハメられ、追放されたのだ。このような認識を持った水無瀬の人々は、紅葉を守るため平維茂と戦った。

　そんなの、村人たちがテイよく騙されたんでしょ、と言うのは簡単だ。確かに村人たちの主張はごく限られたエリアの、少数派の意見であり、紅葉が正義だと説得するには偏っていると言わざるをえない。しかし同時に、多数派の主張するエピソードも、紅葉が悪だと断定する充分な証拠にはならないのかもしれない。水無瀬の人々は鬼女を知らない。都の人々は貴女を知らない。観世《かんぜ》小次郎《こじろう》信光《のぶみつ》の作った能の演目『紅葉《もみじ》狩《がり》』がこの伝承に影響を与えたという説もあれば、反対に伝承が元ネタだという説もある。歌川国芳《うたがわくによし》や月岡芳年《つきおかよしとし》が彼女を描く。誰もが紅葉の噂を囁く。本当のことは誰にもわからない。登場人物の真実は、観客にはわからない。それは「わたし」または「わたしたち」にしかわからないのだ。

　水無瀬の土地はその後、鬼無里《きなさ》と名前を変えた。これは紅葉の一件が由来だとも、天武天皇による遷都を邪魔しようとした鬼がここで退治されたことが由来だとも言われている。わかることといったら、ほとんどの昔話や伝説の中で鬼は圧倒的悪者であること、鬼を倒した者は英雄となることくらいだ。鬼無里村は現在、長野市に合併されている。

真実はわからないということを念頭において、一応、紅葉が本当に誰かを呪い殺そうとしたり、道行く人々を無差別に襲っていたケースについても考えてみる。事実だったとしたら、彼女の行いは許されるものではない。紅葉が自身のやりたいこと、欲しいものに向かって進めば進むほど、誰もが行く手を阻もうとする。自分の気持ちに正直になればなるほど、彼女の幸福感は目減りする。なぜみんなが邪魔するのか。迷惑だからだ。呪われて病気になりたい人はいないし、全財産をぶんどられるなんてまっぴら御免だ。御台所や襲われた人々に紅葉を許して愛せという方が無理な話である。そんなことは決して言ってはならない。

これを書いている今、奇しくも私は討伐され切り捨てられた紅葉と同い年だ。三十三歳は、一般的には大人の年齢である。大人は分別のある生き物でいなければならない。だけど生きることがつらいときは、その限りではないかもしれない。「好きでもない男の言いなりになって生きる」と「邪魔者を呪い殺し、無関係な人を襲う」の間には、もう少し細かい階層の「好き勝手する」があるはずだ。「罪のない誰かを呪い殺す」なんてことさえしなければ、大抵は何をやってもいい。紅葉の「悪行」を大き

な害のない振る舞いに置き換えて擬似体験したらどうなるだろう。

たとえば、元気だけど仕事をサボるとか。いつも無理やりやらされている飲み会の幹事を誰かに押し付けるとか。コピー機がピーピー鳴っているけど用紙を補給しないとか。商談が早く終わったのに長引いたふりをして喫茶店に行くとか。私たちは基本的にはいい子だ。だからちょっとくらい、心のままに振る舞ってもいいのだ。

＊

夏が終わると寂しくなる。青春時代が過ぎ去り、何もかもが落ち着いていくように思える。だけど秋の山の中で紅葉は赤い。赤は炎の色だ。野心の炎、恋の炎、情熱の炎。台所の炎。ライターの炎。どんな炎でも、火は熱い。熱いことは危険ととなり合わせでもある。大切な手紙を灰にしてしまうかもしれない、真夜中にミルクをあたためようとして指をチリッとやってしまうかもしれない。それでも、胸に灯《とも》る炎それ自体を悪だと裁くことはできない。焦りながらも、疲れながらも、赤く光っていることを私はうれしく思う。どんな季節が来てもこの胸が燃えていれば、少しも寒くないのだから。

case
study
4

罪とヤバい女の子——八百屋お七《しち》（好色五人女）

いつも肌身離さずロケットを身につけて、ときどきうっとり眺めているから、好きな人の写真でも入ってるんだろうなと思っていた。でもある日、ロケットの中身が空っぽだと知ってしまったんだ。それ以来、寝ても覚めても彼女の恍惚とした表情が忘れられないんだ。

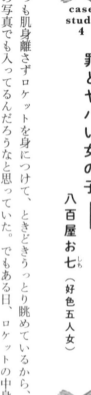

年の瀬の江戸で大きな火事があった。江戸・本郷《ほんごう》で八百屋を営んでいた八兵衛も焼け出され、一家で駒込《こまごめ》にある吉祥寺《きちじょうじ》に避難することになった。八兵衛にはお七《しち》という十六歳の娘がいた。たいそううつくしい娘で、「恋の噂が絶えなかった在原業平《ありわらのなりひら》に見せられないのが惜しいくらいだ」と言うほど両親は娘を大切に育ててきた。

ある日、寺でお七の母親がある若者の手に刺さった棘《とげ》を抜いてやろうとしていた。老眼のせいかなかなかうまくいかず、毛抜きはお七の手に渡される。見つめ合う二人。若者の名は吉三郎《きちさぶろう》といった。母親の視線に気づいたお七は怪しまれないよういったん離れ、あとで毛抜きを返し忘れたと走り戻って、パッと吉三郎の手を握った。恋の始まりであった。

二人は夢中で恋文を交わした。返事も来ないうちから、お互いに次の文《ふみ》を書きまくる。相思相愛だった。しかし人の多く出入りする寺、なかなか契りに至るチャンスが巡ってこない。そのまま半月が経ち、一月も半ばになった雨の夜。急な葬儀の予定が入って僧たちが全員出かけ、寺に二人を邪魔する者は誰もいなくなった。にわかに雷が轟《とどろ》く。母親は娘が怖がっているだろうと思い一緒に寝ようかと気遣うが、夜中に出かけたいお七は一人で眠ると言い張る。人々が寝静まった頃、お七は意を決して寝床を抜け出した。吉三郎の部屋がわからなかったり、寺の小僧に邪魔されたりしながらも必死の思いで辿り着く。そっと愛しい背中に寄り添うと男は目を覚ました。

「わたし、髪が乱れても構わない」

「僕は十六になります」

「わたしも」

「こんなことをして、和尚様が恐ろしい」

「わたしだって」

見つめ合って泣いていた。また雷が唸る。お七は今度は素直に怖がった。冷えた指が重なる。契ったからには命尽きるまで愛し合おう、そう思いながらお互いの匂いを胸いっぱいに吸い込んだ。

翌朝、母親によってお七は早々に連れ戻された。母の監視は厳しくなり、再建した実家に戻ってからも厳戒態勢は解かれなかった。二人は隠れて文を送り合ったが満たされない。ある時、吉三郎は少年に変装してお七の家に忍び込む。お七は下女が止めるのも聞かずに少年に近づいて正体を見抜き、寝床へ招き入れた。隣の部屋で眠る両親を起こさないよう、紙に熱い思いを書いては見せ、見せては書きを繰り返す。目の前にいるのに話せない。触れることもできない。こんなに愛しているのに。吉三郎が帰ったあと、黙ったままの逢い引きがいっそう想いを沸騰させた。

……会いたい。吉三郎さんに会いたい。強い風が吹く夕方、お七は思いつめて一人佇《たたず》んでいた。空気は乾き埃が舞う。またあんなふうに騒ぎになれば、会えるんじゃないか。あの時みたいに、いや、ほんの少しだけ、煙でも出れば、この腕に彼をかき抱けるのではないか。微かな煙に気づいた人々が集まってくる。お七は呆然と立ち尽くしていた。幼い大罪人は捕らえられ、引きまわされ、鈴ヶ森で火刑に処せられた。儚《はかな》く静かな最期だった。

その頃吉三郎は、恋わずらいで寝込んでいた。周囲の気遣いによってお七の死は隠され、吉三郎は彼女の死後百日が経つまで恋人に会える日を心待ちにし続けていた。卒塔婆《そとば》に記されたお七の名前を見て初めて真相に気づいた吉三郎は激しいショックを受け、自分も死を選ぼうとする。僧侶たちが「あなたを寺に預けて里帰りしている衆道《しゅどう》の兄分《あにぶん》（男性同士で契りを交わしたパートナー）が悲しむ」となだめたり、お七の両親が「仏の道に進んで娘を弔《とむら》ってやってください」と頼むが聞き入れない。しかしお七の母親が彼の耳元で何かを囁いた途端、大人しく出家する意思を固めた。里帰りから戻った兄分も、若くして俗世を捨てた吉三郎を思って喪に服し続けたという。

一六八三年、お七という名の少女が放火の罪で処刑された。この事件にインスピレーションを受け、井原西鶴《いはらさいかく》は「好色五人女」の巻四「恋草からげし八百屋物語」を書いたとされている。実際には、事件はイメージソースではないのではないか、お七は実在しないのではないか、いや、やっぱりいたのではないか、と諸説ある。ともかく物語はここに誕生し、時代が下ってからもたくさんの歌舞伎や浄瑠璃、落語の演目が作られた。

無数に作られたパラレルワールドの中で、お七は多種多様な行動をとる。「恋草からげし～」のようにごく小さい煙を出しただけだったり、本当にボヤ騒ぎになってしまったり、舞台演出上、煙のシーンが火の見櫓《みやぐら》に登って鐘や太鼓を打ち鳴らすシーンに置き換えられたり、お七に放火をそそのかしたり横恋慕したりする第三者が現れたり、借金が絡んだり、吉三郎がお七を捨てたりとそのアレンジはさまざまだ。だが、お七が「好きな人に会いたい」という渇望に突き動かされて禁忌を犯すことはほとんどの派生作品に共通している。自分の感情の赴くままに行動して処刑されたこの女の子は、日本中で人気者になってしまった。

炎とともにパッと消えてしまう女性、といえば、私はルーマー・ゴッデンの児童書『人形の家』の登場人物「ことりさん」を思い出す。イプセンではなくゴッデンの『人形の家』は、本物の人形の物語だ。

――エミリーとシャーロットという人間の姉妹は、出自の異なる人形を家族に見立てて遊んでいる。娘役のオランダ人形・トチー、父親役の陶器人形・プランタガネットさん、母親役のセルロイド人形・ことりさん、弟役の布人形・りんごちゃん、ペット役の犬の人形・かがり。人形たちは意思を持っていて、ドールハウスで幸福に暮らしていた。そこへ子ヤギ革でできたハイエンドな人形・マーチペーンがやってきてハウスを乗っ取ってしまう。姉妹によってりんごちゃんはマーチペーンの息子という設定にされ、家族は暗い毎日を過ごしていた。とりわけことりさんは悲しみのあまりフワフワと夢を見ているような、危なっかしい様子だ。ある日、ランプの蠟燭で燃えてしまいそうになったりんごちゃんを、ことりさんは助けようとする。トチーとプランタガネットさんが「あなたはセルロイドでできているから！」と制止するが、彼女は「セルロイド！」と叫んでランプに身を投げ出し、りんごちゃんを救って、燃えてしまうのだった。

自分の欲望のために火をつけようとしたお七と、他人のために火に飛び込んだことりさん。真逆に見える二人は、「横顔を見せて消え去る」という点において少し似ている。どれだけ彼女を思って呼びかけても、もう意思は決まっている。あまりにも強く何かを見つめる横顔は、その人物を見守る者に「この人は絶対に私を見ることはないだろう」と思わせる。そんなにも強く、誰を見ているの。なぜ目を逸らさないの。

自分が破滅してしまうのに、どうして。その甘やかな疎外感と羨望によって、見守る者は釘付けになってしまう。

それにしても、衆道の関係を結んでいた兄分のことを思うと胸が痛む。信じて残してきたパートナーに裏切られ、出家され、自らもこれを限りと俗世を捨てる羽目になったなんて。彼の存在はラストシーンまで放置されていて、ああ、お七との恋に競り負けて吉三郎に完全に忘れられていたのだなあと察せられる。故郷で用事を済ませて戻ってきたら何もかもが後の祭りで、顔も見たことのない女の子に親密な相棒を奪い去られていたのだ。お七の愛情は炎のように燃え上がり、羽根よりも軽くくるくると熱風に巻き上げられ、足跡ごと消えた。兄分から見れば、お七はきっと運命の女《ファム・ファタル》なのだろう。運命的に男を破滅させる、罪深く魅力的な女。

なるほど、確かにこの事件はお七の情熱によって引き起こされたのかもしれない。吉三郎はお七に比べるとやや受動的である。危険を冒して忍んできてはくれるが、お七が処刑されているあいだは寝込んでいるし、真相を知って錯乱しているときにも「よしなき人のうき情けに、もだしかたくて（ふとした人の切ない情にほだされてこんなことになってしまった）」と泣く。

お七はいつも自分からアクションする。毛抜きを忘れたふりをしてチャンスを作り、雷の夜に夜這いをかけ（このとき吉三郎は寝ていた）、吉三郎の変装した少年に積極的に接触し、もう一度会うチャンスを作ろうと禁忌を破る。彼女の両親は「この美少女を在原業平に見せられないのが惜しい」と言ったが、在原業平といえば、駆け落ちしている途中で背におぶっていた女を鬼に食われる有名なエピソードがある。しかしお七は誰かの背に縋ることも、なすすべなく奪われることもしなかった。ただ自分一人で奔走し、自分一人で破滅へ突き進んだ。おそらく彼女は、吉三郎が「もうすぐ行くから待ってて」と手紙を書いたとしても、煙騒ぎを起こして捕まっただろう。お七は吉三郎に何かしてほしいと思っていない。迎えに来てほしいとも、どこかへ攫《さら》ってほしいとも思わない。待つとか、待たないとかではない。私は今あなたに会いたい！「会いたい」という気持ちと、その主語となる「私」しかお七の中にはない。

それにしても、誰かの欲求のせいで自分の生活を台無しにされることはやりきれない。結局は火事が起こらなかった（あるいは小規模で済んだ、火事そのものが狂言だった）という設定や、吉三郎との悲劇的な別れ、落ち着き払った最期の様子によってお七は人々の同情を集めたが、もし火が大きくなり町中を焼き尽くしていたら——。

家や家族を失った人がいたなら——。彼らは決してお七を許さないだろう。たまたま、多少幸いな結果だっただけだ。

　自分が何をしでかしているのかもわからないほど錯乱していたくせに、お七はいつのまにかすっかり覚悟を決めていた。辞世の句は「世の哀れ 春ふく風に 名を残し おくれ桜の 今日散りし身は」。咲き遅れた桜がたった今春風に散っていくように、浮いた名前だけを残して死んでいく我が身は儚く哀れなものだ。ここでもやっぱり、「私」という主語しかない。

　本当は、お七は吉三郎のことをあまり見ていないのではないか。どんどん透明になり純度を増していく激情だけを抱いて、うっとりと立ち尽くしているだけではないか。その激情に突き動かされ、欲しい！　会いたい！　と思ったものへ突き進んでいくエネルギーが止められないだけかもしれない（お七の母がそのことを耳打ちしたから、吉三郎は出家したのかも……と想像してみる）。振りまわされる方はたまったものではない。勘弁してくれ。それなのにみんな、なぜか彼女のことが気になってしまう。あまりにも強い視線からは、どうしたって目が離せない。たとえその瞳に自分が映ることがなくても、それどころか誰も映っていなくても。だから彼女の物語は無数に枝分かれし、今日まで語り継がれてきたのだと私は思う。

＊

もしもお七に会うことができたら、私は彼女の周りをぐるぐる回ったり、後頭部をつついたりして、何とか我に返らないかとちょっかいをかけるだろう。ひとしきりウザ絡みして、効果がないことを悟ったら、諦めてうっとりと輝く彼女の頰を見つめて過ごすだろう。

まったく君ときたら最悪で、最悪で、最悪で、チャーミングだから、困るんだよね。

BACK STAGE 1　愛の真理

II
許さない女の子たち

case
study
5

嘘とヤバい女の子——

磯良（いそら）（雨月物語　吉備津の釜（きびつ））

あったんだって！　マジで！　ひどいことが！　だから今、愛想よくしてる場合じゃないんだって！　本当に緊急事態なわけ、今怒らないと取り返しがつかないわけ。

わかるでしょ？　わからない？　ならわからせてやろう。

（嫉妬深い女というのは厄介だけど、かえって夫婦円満になったりするものだ。……なーんていうのは、幻想です。女の嫉妬は家を壊し、国を滅ぼす。とは言っても、そんな極端なのはレアケースですけどね。夫が雄々しい心を持って、余計なことをしなけりゃ、妻の嫉妬なんてものはコントロールできるってもんです。

では、本編へどうぞ。）

吉備の国。裕福な農家・井沢家の一人息子の正太郎は仕事を嫌い、女遊びと酒にうつつを抜かしていた。困り果てた両親は息子を落ち着かせるために結婚相手を探し、吉備津神社の神主・香央家（かさだ）の娘を推薦してもらった。娘はうつくしく教

養があり、孝行者で、家柄も良すぎるほどだったが、縁談はスムーズに進んだ。結納を済ませたある日、香央の両親は娘のために吉備津の御釜祓《みかまばらい》という儀式で結婚の吉兆を占った。結果はなんと凶。父親は怖気付いたが、妻に説得され腹をくくった。

娘の名は磯良《いそら》という。磯良は朝から晩まで働き、義両親を尊重し、正太郎が求めそうなことをすべてやってのけた。井沢の人々はよろこび、正太郎も新妻を好ましく思っていた。しかし新婚生活は突然壊れる。正太郎が袖《そで》という遊女を妾《めかけ》にし、妾宅《しょうたく》を建てて帰ってこなくなったのだ。義父は息子を叱り軟禁まがいのことまでしてくれたが、正太郎はへそを曲げただけだった。磯良はいっそう夫に尽くし、袖にも気をつかって贈り物を届けた。

ある時、正太郎は軟禁されている部屋に磯良を呼び、優しい声で言った。「お前ほど情深い女はいないとやっと気づいた。袖とはこれきりにしようと思う。だけど今俺に捨てられたら、あいつは路頭に迷うだろうなあ……。手切れ金を渡せたらいいんだけどなあ……」チラッチラッ。盗み見た磯良の顔は温かかった。

「……そんなの、お安い御用です！」

磯良は私物を売り払い、実家にも頼り、金をかき集めた。しかしあろうことか、正太郎はその金を持って袖と駆け落ちしてしまった。ついに磯良は気力を失い倒れる。井沢家も香央家も正太郎をディスり、磯良を慰め手を尽くしたが、容態は良くなりそうもなかった。

正太郎は播磨《はりま》に住んでいる袖の従兄弟《いとこ》・彦六のもとへ身を寄せた。親切な人に厄介になれてラッキー！　と思っていたが、袖に異変が起きる。風邪を引いたきり起きられなくなり、時折狂ったように苦しみだす。正太郎の甲斐甲斐しい看病もむなしく、袖は一週間で帰らぬ人となった。正太郎は泣き暮らしながら、毎日墓参りへ出かけていく。

ある日、近くの墓に詣でていた女中から、その墓に眠る男がうつくしい妻を一人残して亡くなったと聞く。そうですか〜。それはいけませんなあ〜。ぜひ奥様をお慰めして差し上げたいですなあ〜。正太郎は口八丁で屋敷に上がり込み、未亡人の部屋の衝立《ついたて》の前に通された。

「お加減いかがですか。いやあ、私も先日、最愛の妻を亡くした身。さぞおつらいでしょう。わかります。つらい者同士、語らいましょう」

ほんの少し、衝立が開けられる。どれどれ、どんな美人が――

「そりゃあつらかったですとも。おわかりにならないでしょうけど」

磯良だった。血の気はなく、目は濁り、がりがりに痩せた青い指が正太郎をすうっと指す。

暗転。

正太郎が目を覚ました場所は墓地だった。慌てて逃げ帰ると彦六が高名な祈禱師のところへ連れていってくれた。祈禱師が言うには「極めて深刻な事態。袖の死もこの悪霊のしわざ。今すぐ四十二日間、家中の戸を閉ざして籠《こ》もれば、あなたの命だけは助かるかもしれない」。正太郎は全身に呪文を書いてもらい、もらったお札を家中に貼った。安心したその夜、磯良は再び現れる。

「……こんな札を貼るなんて……ふざけやがって……」

恐ろしい声。それからの数十日は正太郎にとって地獄だった。どうにかこうにか耐え、迎えた四十二夜目。ようやく東の空が明るくなってきた。もう少しでこのつらい日々から解放される。正太郎は安堵して隣の家にいる彦六に呼びかけた。彦六も、よろこび答える。

「久しぶりに彦六さんのお顔を見て、一息つきたいものです」

「いやまったく！　出てきて元気な顔を見せてくださいよ」

彦六が正太郎を自宅に招き入れようと戸を開けたのと、隣家から悲鳴が聞こえたのはほぼ同時だった。何事かと転がり出ると、月は頼りなく、風は冷たい。外はまだ夜半だった。そんな、では、さっきまで差していた朝日は？　慌てて正太郎の家へ駆け込んだが、誰もいなかった。正太郎の亡骸《なきがら》も、骨も見当たらない。壁についた血が滴《したた》り落ちる。ただ男の髪の髻《もとどり》（髷《まげ》を束ねた部分）だけが、軒の端に引っかかっていた。

「なんかいい人多いな」。この物語を初めて読んだときの感想である。登場人物がやたらと人格者だ。とりわけ、彦六はめちゃくちゃいいヤツだ。袖が亡くなったあとも正太郎に手を差し伸べてくれる。正太郎の両親だって磯良を高く評価し、慮《おもんぱか》り、味方になってくれる。重病の彼女を医者に見せたのは井沢の人々だろう。磯良の両親が娘を思うシーンもある。怪談だというのに、とんだ「やさしい世界」ではないか。それでも、誰もシナリオの進行を止められなかった。

家の中では正太郎だけが低評価を与えられ敬遠されている。両親も妻も妻の両親も善良な世界では、正太郎は異端だった。だが家を飛び出したあとは病床の袖に尽くし、袖を追って死にたいとまで思いつめ、彦六と信頼関係を築き、彼自身も彦六に親愛の情を抱いている。家の外では、正太郎もまたそこそこいいヤツなのだ。磯良とだって、最初はうまくやっていた。その夫婦生活は磯良が「(空気を読んで)心をつくして仕へ」たことに支えられているが。

私は正太郎が「万人にとってのクソ野郎」ではないことがとても恐ろしい。正直怨霊よりもはるかに恐ろしい。それなりに他人と情義を交わし合うことのできる人間が、ある側面ではこれほど無頓着になれることが。正太郎も、「親によって望んでいるわけではない相手と結婚させられた」「結婚によって自分の性質をコントロールされかけた」という点では被搾取者なのかもしれない。しかしそれは磯良の人生を軽んじていい理由にはならない。袖を失い、「此秋のわびしきは」俺だけに降りかかっている、と打ちひしがれる彼には磯良の苦衷《くちゅう》は一ミリも刺さっていない。

「吉備津の釜」の冒頭には謎のナレーションが挿入されている。テーマは女の嫉妬《しっと》についてだ。でも、さっきからずっと気になってるんだけど、これ、嫉妬が原因とかじゃなくない？　どうも嫉妬を強調されることによって、本質から目を背けさせられているような気がする。磯良が袖に憎しみを持ったとすれば、憎しみが嫉妬によるものだとすれば、袖の罪状は「正太郎を奪ったこと」となる。その罪は磯良が正太郎に価値を感じ、魅力を感じ、彼を「欲しい」と今も思っていなければ成立しないのではないか。あれほどまでに侮辱された相手に価値を感じられるものだろうか。そりゃあ「取り返しのつかない裏切りをしてマジで嫌悪されている」よりは「浮気したら嫉妬されちゃった」の方が、人に話して聞かせるときには気分がいいだろう。自分の価値が目減りしないどころか、増えたような気になれる。だけど気分がよくなり、加害者の責任から逃れられた分、他の誰かがヒール化しなくてはならない。「嫉妬」という言葉には、ヒール役をさりげなくすり替える効果がある。

他にも、磯良がこの事件の最大要因だと印象付ける要素がちりばめられている。過度に謹厚な家庭環境もそうだ。実家にも義実家にも頼れる人物が配置され、救済措置が用意されていたにもかかわらず平和を保てなかったのは、やっぱり磯良が未熟だからなのでは？　「磯良」という名前もそうだ。磯良とは「太平記」などに登場する、醜い容姿を持つとされる神の名である。こんな名前をあてがわれているんだから、何か問題があったんじゃない？　磯良と袖のコントラストもそうだ。優等生的で裕福な正妻と、息の詰まる実家。自分を頼ってくれる袖に惹かれてしまっても仕方ないんじゃない？　袖の人間的な部分はほとんど語られず、後半は磯良の激情だけが強調される。つまり、磯良の異常な嫉妬心が事件を引き起こしたんじゃない？　ほら、女って嫉妬するものだし。原因を嫉妬に終始させることによって、怒りは磯良の自由意思、磯良の責任となり、喧嘩両成敗のようなムードが立ち込める。

ちなみに袖の死因が磯良の呪いであるとするソースは、祈禱師のセリフだけだ。つまり磯良が袖を殺した物証も目撃者も存在しない。それでも磯良が犯人だとされるのは、「女の敵は女」「女は嫉妬する」というイメージのせいだ。私たちはミスリードされているのかもしれない。

金を無心されて引き受けるシーンしかセリフのない前半にくらべ、磯良は後半よく喋《しゃべ》る。彼女は絵に描いたような良妻から、恐ろしい怨霊に豹変し、心まで解放されたのだろうか。実は彼女はそんなに変容していないのではないかと私は想像している。彼女はもとから出来た娘だった。両親には孝行し、歌も箏《そう》も熱心に練習し、「良《よ》」くあるために努力できた。結婚後も「良」き妻であろうとしている。浮気をされた時でさえ、袖に気を回して物を贈っている。磯良は、その場その場で最適だと思う行動を実行する思慮と力があった。そこで疑問に思うのだが、はたして激しく侮辱されたときにNOを突きつけ、反撃することは、「悪」霊のすることなのだろうか？　自分の力で抵抗することは、賢妻、というか、女性のすてきな振る舞いではないのか？

もし祈禱師の言う通り袖の死因が磯良の呪いなら、袖の方でも言いたいことはあるだろう。しかし正太郎を許さないことは、確かに磯良に許されたアクションであるはずだ。

正太郎は磯良を騙して間接的に殺し、磯良は正太郎を騙して直接的に殺した。もう朝だよ。もう怒っていませんよ。あなたは許されましたよ。そう思わせておいてめちゃくちゃに殺した。嘘は相手を自分の思い通りに動かすためのものだ。だけど私には磯良に四百字詰め原稿用紙に反省文を書けと強要することは絶対にできない。絶望の淵《ふち》にある人に「モラルに反しますよ」などとは言えない。自分の尊厳を守るためにつく嘘は、怒りからやっとのことで絞り出された嘘は、金や快楽を得るための嘘と等しく罰せられるべきだと思えないのだ。だって、だって、そうだろう。

＊

偽物の朝日を用意できるくらいなんでもアリなら、正太郎の裏切りごと嘘であってほしかった。それがだめなら、せめて磯良の死だけでも嘘であってほしかった。たとえば、こんな風に。

——磯良が座敷牢を開けるとそこに正太郎はいなかった。騙されたのだと気づいて生きる気力を失い、一時は危篤に陥《おちい》ったが、周囲の助けもあってなんとか回復した。いまだ悲しむ磯良を義父と義母は慰めてくれた。彼らは磯良に家にとどまるよう勧め、三人は末永く幸福に暮らした。香央の人たちも時々遊びに来た。ちなみに正太郎の行方を知る者は誰もいない。

あるいは、こんな風でもいい。

――毎年お歳暮などを贈っていたら、ある日思いがけず袖から返事が届いた。意外と仲良くなってしまい、ちょっと笑えてくる。私たちは結託することにした。落語の「権助提灯《ごんすけちょうちん》」のように、「妾宅より奥様を立ててお家へ帰ってください」「うちはいいから、お袖さんのところへ行ってあげて」とよき妻・よき妾としてお互いを気遣い合うふりをして、無限に正太郎を行き来させた。ある嵐の夜、本宅から袖の家へ向かわせた正太郎は帰ってこなかった。磯良は袖を井沢の家へ呼び寄せ、二人で跡取りとなった。

まるで嘘みたいな話だけど、君になら、騙されてもいいよ。

もう戻れない。どれだけ暴れまわったって、あのささやかな幸せが帰ってくることはない。だけど向こう岸を諦めることが私にはどうしてもできない。橋がかかっていなくても、川に向かって全力疾走するのだ。

case study 6

後戻りとヤバい女の子――宇治の橋姫（平家物語　剣《つるぎ》の巻《まき》ほか）

京都。真夜中の貴船神社に、一人の少女が立っている。何やらぶつぶつとつぶやき、思いつめた様子だ。少女はある女のことを考えていた。妬《ねた》ましい、憎らしい女。どうしてもあの女を抹殺したい！　どうか私を鬼に変え、この恨みを晴らす力をお授けください。

　七日ののち、お告げがあった。

「髪で五本の角を作り、顔に紅を、体じゅうに丹（赤色の顔料）を塗りなさい。鉄輪を頭に被り、その輪の三本の脚に松明《たいまつ》を差し、火を灯《とも》しなさい。さらにもう一本の松明を咥《くわ》えて両端に火をつけ、その姿で二十一日間、宇治川の水に浸かり

続けなさい」

　少女はそれを実行した。髪で五本の角を作り、顔に紅を、体じゅうに丹を塗り、鉄輪を頭に被り、三本の脚に松明を灯し、もう一本の松明を咥えて火をつけ、宇治川に浸かり続けた。その姿はこの世のものとは思えないほど恐ろしく、見た者はその場で気を失って倒れ、命を落とした者さえいたという。

　人々は少女を宇治の橋姫と呼んだ。橋姫は殺したいほど憎んでいた女を殺し、さらにその周囲の人間をも殺し、おしまいには道端を通りかかったあらゆる人間を殺してまわった。都中が恐怖に包まれ、夜間に外出する者は誰もいなくなった。


　橋姫は一人ではない。「古今和歌集」、「奥儀抄」、「山城国風土記」、「源氏物語」宇治十帖、「平家物語」剣《つるぎ》の巻《まき》、能『鉄輪』、その他伝承などなど、多くの物語に「橋姫」という女の子が繰り返し登場する。時代の古いものに影響されたり引用しているものもあれば、被っているのは名前だけで性格は大きく異なるものもある。橋姫たちは、ざっくりと次の三つのキャラクターに分けられる。

（一）橋を守護する女神

（一）恋人を一人で待つ女性
（二）嫉妬深い鬼女

　また、次のように二つに分けることもできる。

（一）外的要因に翻弄される被略奪者
（二）能動的に周囲を翻弄する略奪者

　たとえば「古今和歌集」に掲載されている六八九番の歌「さむしろに 衣かたしき 今宵もや 我を待つらむ 宇治の橋姫」（詠み人知らず）の橋姫は、いつ来るかもわからない恋人のために寝床のスペースを半分空けて横たわり一人待つ、「翻弄される」側の存在だ。また、「山城国風土記」の橋姫も「翻弄される」サイドの人間だ。妊娠中の橋姫のためにワカメを採りに行った彼女の夫は、海で龍神に気に入られ婿にされてしまう。橋姫は大きな力によって絶対に取り戻せない場所へ連れ去られた夫を思い、泣きながら待ち続ける。妻が待っていることを知った夫は橋姫のもとへ帰り、二人は添い遂げる。

一方、冒頭で紹介した「平家物語」の橋姫はかなり苛烈で攻撃的だ。彼女は怨みの対象となる人物のみならず、無関係な通行人にも手当たり次第襲いかかる恐ろしい鬼として描かれている。完全に理性を失った、「訳のわからない悪」の性質が強調されている。間違いなく「翻弄する側」である。そして、「翻弄する／される」のバランスの中間くらいに位置するのが、能の『鉄輪』に登場する「後妻に夫を奪われた女性」ではないかと私は思う。この女性は夫と後妻によって「被略奪者」となった。裏切られたこと、奪われたことが恨みのトリガーを引き、普通の女性を「略奪者」としての鬼女に変身させた。弱者にさせられた怒りによって、結果的に圧倒的強者へと変化せざるを得なかった彼女は「橋姫」の面を被って現れる。

追いかけることもできずにじっと待ち耐える者と、地の果てまでも追いかけて不条理なほどの暴力で思いを遂げる者。その誰もが「橋」という、「愛《は》し（＝愛しい、愛すべき）」と同じ音の名前を持っている。

橋姫はとても嫉妬深い女だと言われている。現代でも、「結婚前のカップルが宇治橋を通ると別れる」とか、「宇治橋の上で女性の嫉妬をテーマにした『葵の上』や『野宮』を歌うと恐ろしい目に遭う」などという伝説が残されている。

嫉妬という言葉——〝嫉〟と〝妬〟にはなぜ〝女〟という字が入っているのだろう。嫉妬はそれほどまでに女性にのみまつわる感情なのだろうか。そして、そもそも嫉妬とは、マイナスの感情なのだろうか。

　一般的に嫉妬というものは、自分よりもよい状態にある人物に対して、または自分と自分の愛する人との間に入り込もうとする人物に対して感じるものだ。私には、この気持ちが醜いものだと思えない。

「私が理想の状態になっていないのに、私ではなく○○がなっているのはおかしい」

「私が好きな人と一緒にいたいのに、私ではなく○○が一緒にいるのはおかしい」

　この〈のに〉という感覚は、思い通りにならない現状への抵抗、生命力溢れる踠《もが》きであり、自分の人生へのコミットではないか。自分の人生に何の希望も、要望もなければ、悲しみや憤りは湧いてこない。自分の是《ぜ》とする自分像がここにないことについて疑問や不満を持たなければ、苦しい気持ちは滾《たぎ》らない。掲げた理想に今一歩至っていない無力感に抗《あらが》い、「そんなのは嘘だ、そんなのはおかしい」と思う感情が嫉妬の源泉だとすれば、こんなにアクティヴなマインドはない。

　ままならない人生に迎合しないという意思さえあれば、嫉妬は男女問わず誰にでもできる。だけど橘姫はその次の段階へ進んだ。彼女は「私が理想の状態になっていないのに、私ではなく○○がなっているのはおかしい」という納得のできなさに一石を投じ、打破しようと働きかけた。もちろん人生を変えたいからといって、衝動にまかせて誰かに呪いをかけるなんて言語道断だ。ただ一つだけ言えるのは、一線を越えてしまうその少し前、橋姫は自分のために鬼になったということである。彼女は自分のために、その姿を鬼に変えることを決意した。「もう二度と元の暮らしに戻れなくなっても、絶対に本懐を遂げる」という覚悟を決め、それを遂行した。

現在、宇治にある橋姫神社は、縁切りのご利益で信仰を集めている。なんだか「縁切り」と橋姫はあまり結びつかない気がする。彼女は縁を切るどころか、切れたように見えた相手をどこまでも追いかけて関係を突き詰めようとしていたから。

柳田國男《やなぎたくにお》は橋姫について、「(人々は)敵であれ鬼であれ、外からやってくる有害な者に対して、十分にその特色を発揮してもらいたい(ため「気質ある」橋姫を橋の周辺に祀った)」と書いている。彼女はとにかく害敵をボコボコにすることに忙しい。もしかして、橋姫は他人の縁などに、個別に興味なんて持っていないのではないか。だって、「この身がどうなってもいい」という決死の覚悟までした人が、今さら「結婚前のカップルが許せない！」などとちまちま羨《うらや》んだりするだろうか。結果的にどこかの誰かの縁を切ってしまうのは、抑え切れない彼女のパワーが四方に飛び散った末の「誤射」かもしれない。もっと大きなエネルギーがめちゃくちゃに回転している二次的な効果かもしれない。ルンバが部屋中を縦横無尽に駆けめぐりながら電気コードを巻き取ってしまうアクシデントのように、本人も気づかないうちに誰かの縁を引きちぎっているだけ、だとしたらちょっと愛しい。

鬼になった橋姫はその後、どうなっただろう。「平家物語」剣の巻の橋姫には次のようなエピソードが続く。

鬼が無差別に人を襲っているという噂は都中に広まった。そこで源綱《みなもとのつな》という人物が、討伐に遣わされた。源綱が馬を走らせていると、闇の中にうつくしい女性が立っている。こんな時間にどうしたのだろう。危ないからよかったら途中まで送ろうと申し出て、綱は彼女を馬に乗せた。

と、女性が突然、鬼の姿に変わる。さっきまでの可憐な顔は消え失せ、恐ろしい形相で綱をつかみ「愛宕山《あたごやま》へ行くぞ」と叫んで空へ舞い上がる。動揺しながらも、綱はさげていた名刀・鬚切《ひげきり》で鬼の腕を切り落とした。綱の体は空中へ放り出されたが、何とか助かった。鬼は腕をかばいながら飛び去っていった。残された女の腕は真っ黒に変色し、一面に針のような白い毛がびっしりと生え茂っていた。

彼女の後日譚は、枝分かれしたパラレルワールドのごとく数多く存在する。綱に切り落とされた腕を取り返しに来るエピソードや、橋の神として祀られるエピソード、安倍晴明《あべのせいめい》によって復讐を阻止され、姿を消してしまうエピソードなどさまざまである。しかしどのエピローグでも、彼女は冒頭で「怨みを晴らしたい」と切実に願った人物をはるかに超越している。

＊

宇治橋は日本で最も古い「三橋」の一つとされている。私たちは橋がなければ川を渡ることはできない。橋は二つの世界の境界に横たわり、どこかからどこかへ行く足がかりとなる。古い世界と決別するための橋。新しい世界へ行くための橋。

——もう、後戻りはできない。一歩踏み出した時から、戻れないことは知っていた。私、鬼なんかになっちゃって、これからどうなってしまうんだろう？　考えるとほん

の少し怖いけれど、それでももう、鬼にならずにはいられない。今の姿で、この気持ちを抱えたまま、全然納得できない運命に従順に生きる方が、私にはつらい。鬼になったからといってハッピーになることが担保されていなくても、破滅に向かっていたとしても、今、私は暴れまわりたい。新しいものに変わって、暴れまわりたいのだ。

決意した橋姫は、恐怖と緊張と躍動と熱意に震え、川に足先を浸す。私はやり遂げる。この人生を変えてみせる。大きな覚悟によって巨大な力を手にした橋姫は、こうなった大元の原因である「自分を捨てた夫」などという瑣末なものは、とうの昔に忘れ去っていた。

突然ですが、ここで一つ新しいことわざを発表します。

「石橋を叩き壊しながら渡る」

――何もかもをぶち壊してでも渡りたかった向こう岸で、もといた対岸のことなど思い出さないくらい楽しい暮らしが、あなたを待っていますように。

case study 7

運命とヤバい女の子――累《かさね》（累ケ《かさねが》淵《ふち》）

運命によって二度死んだことにされた女の子がいる。2は1×2かもしれないし、1＋1かもしれない。1＋1だったら、私たち、お話しできるね。

あるところに与右衛門《よえもん》という百姓の男がいた。与右衛門の妻・お杉《すぎ》には前の夫との間にもうけた助《すけ》という連れ子がいた。与右衛門は助の器量が悪いと言って、義理の子を嫌っていた。助を疎ましく思った与右衛門は、杉がわが子を川へ突き落とすよう仕向けた。

翌年。与右衛門は自分の犯した大罪を都合よく忘れていた。お杉との間に女の子が生まれ、浮かれていたのだ。女の子は累（るい）と名付けられた。しかし幸せは長くは続かない。成長するにつれ、累の顔は殺された助そっくりになっていった。この子は助だ。助が「かさねて」生まれてきたのだ。そうして累は累（かさね）と呼ばれるようになった。

しばらくして、お杉と与右衛門が立て続けに亡くなった。かさねはある男を婿に取り、与右衛門の名を継がせた。二代目・与右衛門はかさねのもとに身を寄せておきながら、器量が悪いと言って妻を嫌っていた。ある夏の日、かさねを疎ましく思った与右衛門は、彼女を川へ突き落として殺してしまった。

晴れて（！）独り身に戻った与右衛門はうつくしい女性と再婚する。浮かれる与右衛門だったが、新しい妻はすぐに亡くなってしまった。また別の女性と結婚するも、死別。新しい妻。死別。結婚、死別。そんなことが五回続いた。六人目の妻・きよは運よく生き延びたらしい。彼女は与右衛門との子供を授かった。女児であった。娘は菊と名付けられ、かわいがられた。

しかし幸せは長くは続かない。結局きよも亡くなり、さらに菊に恐ろしい怨霊が取り憑いたのだ。心配する与右衛門を食い入るように見つめ、娘は言った。

「私は菊じゃない。お前の妻のかさねだよ」

ざあっと血の気が引く。与右衛門は近くに滞在していた祐天上人《ゆうてんしょうにん》に助けを求める。祐天上人はかさねの霊を供養してくれた。しかしまだ怨霊の気配がする。問いかけると、菊は再び口を開いた。

「自分は助です。助なんです」

祐天上人がもう一つ戒名を用意し、二人の幽霊はようやくこの世を去ることができた。菊は衰弱した体を横たえながら、彼女たちが消えていくのを感じていた。

「累ヶ淵《かさねがふち》」は四谷怪談、牡丹灯籠、播州（番町）皿屋敷と並んで日本四大怪談、四大幽霊と呼ばれている。お岩さん、お露さん、お菊さんに名を連ねるのは、誰の魂なのだろう。助だろうか。るいだろうか。かさねだろうか。「かさね」とは結局誰を指すのだろう。

かさねという存在は、助によって誕生した。もしも助が与右衛門に殺されていなければ、るいは助の妹として別の人生を歩んだはずだ。与右衛門に醜いと詰《なじ》られた助の顔ではなく、美醜はどうでもいいのだが、まあ、何か別の顔に生まれ、二代目・与右衛門と一緒になることもなく、助を模倣するように川へ突き落とされることもなかった。「かさね」の名の通り、彼女のすべては助のリフレインにされてきた。るいが生まれる前に、彼女の運命はなぜかほとんど決まっていた。

生まれたときから、でさえなく、生まれる前から大体の人生の筋書きが決まっているなんて、そんなふざけたことがあるか。何によって生まれ、どう生きて、どんな最期を迎えるのか、それらがあらかじめ運命づけられていたとしたら、こんなにも腹の立つことがあるか。
　自分の存在が誰か別の人間をベースとした模倣のように扱われるのは、どれほどさびしく悲しいものだろう。私は「るい」から「かさね」へと名前をふんわり変えられてしまった少女のこと、恐ろしい怨霊にさせられて人々を「殺させられてしまった」少女のことを思うと腹の中でやるせなさが渦を巻いているような気分になる。彼女の顔に助の面影を見つけて以来、誰もるいのことを考えなかった。るいが自分とまったく関係のない、自分が引き起こしたのでもない、憎く思っているはずもない誰かの怨念を身に宿さなくてはいけなかったなんて。

　るいのことを考えるとき、私は『トリスタンとイゾルデ』の物語を思い出す。コーンウォールの騎士・トリスタンはアイルランドの姫・イゾルデと許されない恋に落ちる。政治的な策略によってコーンウォールを追われたトリスタンは、旅先でかつての恋人と同じ名前の少女・イゾルデと出会い結婚する。しかし前のイゾルデのことが忘れられず、新しいイゾルデと親密になろうとしない。冷めた結婚生活の中、あるときトリスタンは致命傷を負う。不思議な力を持っていた一人目のイゾルデなら自分の傷を癒《いや》せるのではないかと望みをかけたトリスタンは、彼女のもとへ遣わした船が港に帰ってくるのを瀕死で待つ。イゾルデが船に乗っていたら白い帆を、乗っていなかったら黒い帆をあげてくれるよう、船員に頼んでいた。船が着く日、ベッドから起き上がれないトリスタンは自分の妻、二人目のイゾルデに帆の色をたずねる。「黒です」とイゾルデは答え、失望のあまりトリスタンは死亡した。

本当はイゾルデの目には、もう一人のイゾルデの乗った船の白い帆が見えていた。だって、最初から二番目であることが決まっているなんて、悔しかったのだ。夫の物語にとって二次的なキャラクターでしかないなんて、悲しかったのだ。あの人を模倣する形でしか舞台上にいられないなんて、許せなかったのだ。私がイゾルデであることは、あの人がイゾルデであることと何の関係もないのに。私は最初から、イゾルデだったのに。

『トリスタンとイゾルデ』では、二人の女性を区別するために、一人目を「金髪のイゾルデ」、二人目を「白い手のイゾルデ」と呼ぶ。ワーグナーの同名のオペラには、白い手のイゾルデは登場しない。私、何なの？　誰かの感情の動きを示すためのスパイスなの？　私にだって、同じくらい強い感情があるんじゃなかったの？　私の人生は、なぜ私のものじゃないの。

なぜ、と問われても、るいをかさねに変えた助は答えられない。だって、助にも訳がわからないのだ。ただ生きているだけで疎まれて殺されるなんて誰が想像できるだろう。助は一人目のキャラクターではあったけれど、助もまた、自分をオリジンとしない勝手な事情に運命を決められてしまった。決められてしまったのはるいと助の人生だけではない。二代目・与右衛門の亡くなった六人の妻たち、とり殺される一歩手前だった菊もまた、自分自身ではどうすることもできない、知らないところで運命を決定されていた。みんなそれまで一人の人間として自分の運命を決めてきた。生まれ持った顔や、身長、好きな食べ物、時代、土地、言語、どうしても心動かされてしまうもの。大小の抗えないものに立ち向かいながら、それでも舵を切ってきたのに、「あなたの出自とは特に関係ないんですけど、ここで死ぬ感じになってるんで」というくらい不条理に、彼女たちの生涯は書き換えられてしまった。

呪いの出所は十中八九かさねである。それでは、かさねが悪なのだろうか。それとも、るいをかさねに変えてしまった、助が悪いのだろうか。実行犯であるかさねと、かさねに宿った呪いの大元である助を罰して終われるほど私たちは即物的ではない。るいは自ら好んでかさねになったわけではないし、自分が殺されているのに「周りの人に迷惑をかけるから……」と引き下がることを美徳だと思っている人がいたとしたら、それは加害者の思想だ。助に至ってはただ生きているだけで、本来子供を保護する立場にある父親に殺されたのだ。自分の力でコントロールできないシチュエーションに置かれ、一方的に生き方を決められることは、魂を冒瀆されることと同じである。

「こんな女に誰がした」という歌詞がある。菊池章子さんの楽曲『星の流れに』の一節だ。一九四七年四月、NHKラジオの街頭録音番組「青少年の不良化をどうして防ぐか　ガード下の娘たち」に、一人の女性が出演した。戦後の有楽町でパンパンと呼ばれるセックスワーカーを取りまとめていた「ラクチョウのお時《とき》」さんは、自分たちの境遇について次のように話した。

「……そりゃア、パンパンは悪いワ、だけど身よりもなく職もないワタシたちはどうして生きていけばいいの……好きでサ、こんな商売してる人なんて、いったい何人いると想うの……それなのに……苦労してカタギになって職を見つけたって、世間の人は、あいつはパンパンだったたって、うしろ指さすじゃアないか……ワタシは今までにだって何人も、ここの娘たちをカタギにして世間に送り出してやったわョ、それが、みんな……（涙声）……いじめられ追い立てられて、またこのガード下に戻ってくるじゃアないの……世間なんて、いい加減私たちを馬鹿にし切ってるわョ……」（『買売春と日本文学』より）。葛藤を抱える「夜の女」に寄りそうために作られた『星の流れに』は、彼女たちの共感を呼び広く歌われた。

　無念のうちに何らかのアクションを起こした人に対して、無念から目を逸らしアクションのみを取り上げて糾弾するということは現代にも日常的にある。それはもう嫌になるほど日常的に。そうなってしまった経緯や社会的背景を思うことなく、彼女の心の動きを思うことなく、人生を思うことなく六人の妻を殺した犯人を探すとすれば、なるほど、罰せられ指を指《さ》されるのはかさねなのだろう。六人の妻たちはこう思っていたはずだ。なんでこんなことになっちゃったの？　もうどうにもできないの？　絶対に、絶対に私のせいではないのに。そしてかさねも、るいも、助も、菊も同じことを思っていた。そのすぐそばで二人の与右衛門は自分の人生をよりよくすることを考えていた。

　かさねは幽霊になって、自分に呪いが宿る原因を作った与右衛門、与右衛門の名を受け継いで再度自分を呪いに結びつけた夫にブチ切れることができた。二代目・与右衛門は、「自分がかさねを殺すのは、一人目の与右衛門の業《カルマ》のせいだ」とイゾルデを気取っただろうか？　『トリスタンとイゾルデ』が成立したのは累の物語よりも五、六百年ほど早いが、たとえ与右衛門たちが海外文学を読んでいたとしても、彼らにイゾルデの気持ちがわかったかどうかは疑問である。

祐天上人がかさねを供養したあとで、さらに助の幽霊が登場するシーンで私は心の底から安心した。助の幽霊が独立して存在するということは、かさねは助の生まれ変わりだとか、生まれ直しだとかではなかった。助は助だったし、るいはるいだった。幽霊になってようやく、助の人生は助だけのものになり、るいの人生はるいだけのものになった。菊の人生も菊だけに返された。六人の妻たちはもう帰ってこない。菊はただ一人生きている。

＊

幽霊は死なない。幽霊は殺されない。幽霊は誰を許して誰を許さないか自分で決められる。おばけにゃ学校も試験もない。東京ディズニーランドのアトラクション「ホーンテッドマンション」の幽霊たちはいつ行っても楽しく迎えてくれる。だけど、彼女たちが生きている間に解放されるストーリーがあったってよかったではないか。

万が一彼女たちが地獄へ落ちるようなことがあれば、地獄の司法こそが死んでいる。だけど案外、解放された彼女たちはどんな場所でもうまくやっていけるのかもしれない。熱い地獄で人工的に作られた確執を破壊し、クーデターを起こして体制をひっく

り返し、後から落ちてくるであろう与右衛門を釜で煮るための準備を整えていたりして。あるいは、「もう与右衛門に関わるのは時間がもったいない」などといって美食を極めていたりして。これは私の想像だが、天国より地獄の方がお肉なんかも美味しそうだ。ジビエの店があるといい。

かさねがさね、いくひさしゅう幸多かれと祈ります。

case study 8

身体とヤバい女の子――ろくろ首　およつ（列国怪談聞書帖《れっこくかいだんききがきぞうし》）

背が高い方が好きだけど、高すぎると並んで歩きたくない。少しぽっちゃりしているくらいがかわいいけど、太りすぎているのはちょっと……。なんて二度と言えないくらい、衝撃的なものを見せてあげようか。驚いて舌を噛まないように、口を閉じておいた方がいいぜ。

一人の僧が悩んでいた。名は回信《かいしん》。ただいま女と駆け落ちの真っ最中。の、はずだったんだけど、その女・およつが病気で伏せってしまい、さらに旅費も底を尽きた。うう～ん、困った。こんなことなら駆け落ちなんてしなきゃよかった……。悩み抜いた回信はある名案を思いついた。よし、およつを殺そう。そうすれば足手まといもいなくなり、出費も半分で済む。恐ろしいことに、回信はこのアイデアを実行に移してしまった。およつは回信によって谷底へ突き落とされた。回信は捕まることなく逃げ切った。僧を辞め、名前も藤岡右膳《ふじおかうぜん》に変えた。もちろんおよつのことを思い出すと心は痛む。今年、十七回忌だし。しかし今は新たな恋の予感に浮かれていた。最近、ロングステイしている宿屋の娘とちょっといい感じなのだ。これは行かない手はないでしょう！　据え膳食わぬは、とばかりに藤岡はベッドインし、甘い夜を過ごす。甘い夜、のはずだった。その「異変」が起きるまでは。

ああ、カワイイなあ～。こんなカワイイ子と仲良くなれて俺はラッキーだなあ。悦に入りながら娘の顔を眺め、ピロートークを囁《ささや》く。かわいい。かわいいなあ。でもなんか……なんか、アスペクト比、変じゃない？　背のびた？　というか、なんか、顔も変わってきて……どこかで見たような……。

ゆらゆらと揺れながら藤岡を見つめていたのは、およつだった。揺れているのは彼女の首が長く伸びていたからだ。

「よくも殺したな。一緒に逃げようって、愛しているって、言ったのに」

「あああ！」

襟首を掴んで縊るおよつに向かって藤岡は刀を振りまわし、寝所から転がり出る。物音を聞きつけて様子を見に来た宿屋の主人、つまりさっきまで同衾してい

た娘の父親に泣きつき、自分の過去の行いを洗いざらい話した。お前のせいで大切な娘が！　と激昂されると思っていた藤岡は、しかし思いがけない話を聞くことになる。実は宿屋の主人も若かりし頃に女を殺したことがあった。

　昔、木こりをしていた頃、谷底で大怪我を負った女を発見した。まだ助かりそうだったので介抱しようとしたが、懐に大金を隠しているのを見つけて魔が差した。女にとどめを刺して奪い取った金で宿屋を始めたまではよかったが、その祟りにより娘はろくろ首になってしまった。かれこれ十六年ほど前の話だ……。げに恐ろしきは人の執着……。

　宿屋の主人が殺したという女は、どう考えてもおよつだった。お互いに懺悔しあったあと、藤岡はため息を漏らした。持っていたのだ。およつは、自分と逃げるための金を。

　藤岡は再び出家した。彼が建てたおよつの墓は、「ろくろ首の塚」と呼ばれたという。


　宿屋の親父、何してくれてんだ。「世に恐ろしきものは人の執着なり（劇中の台詞）」とか言ってる場合かよ。いや、でもやっぱり、基本的には回信が発端だからな。

もう一人犯人っぽいヤツが現れたからって、別に罪、分散してないからな。増えただけだから。およつが金を持っていたことが論点みたいになってるけど、金があってもなくても殺しちゃダメだからな。

聞いている方はこうして突っ込んでいればいいが、およつの心情を思うと、反射的に出るツッコミさえ憚《はばか》られるほど、これは本当に痛ましい事件だ。およつは二回も殺されたのだ。それに、生きてこそいるものの、自分のあずかり知らぬ罪で「化け物」として扱われる羽目になった宿屋の娘のことだって誰もケアしていない。彼女たちは自分でコントロールできない原因によって身体を奪われ、形を変えられ、腫れ物にされてしまった。

ろくろ首は大きく二つに分かれる。一つは首が胴体からはずれて飛びまわる着脱タイプ。もう一つは首が伸びるにょろにょろタイプ。

着脱タイプはアグレッシブな性格だ。首は本体（首から下のボディ）を離れて自由に動きまわり、町をさまよったり、人を追いかけたり、ときには危害を加えたりする。首の活動中、ボディは休眠状態になり、頭部は独立して自我を持っているように描かれることが多い。

にょろにょろタイプのろくろ首はボディと物理的に繋がっているせいか、あまり移動しない。では首を伸ばして何をするのかというと、行灯《あんどん》の油を舐めたり、ゆらゆらと漂ったりと、何だかおとなしい。「見た者の精気を吸い取る」というケースもあるが、クリティカルな物理攻撃は少ない。およつだって宿屋の娘の体を借りて回信をビビらせ、怨みを訴えてはいるものの、その場で回信を食い殺したり、呪い殺したりしない。「襟がみ取って引き立て」はしたが、これは字面から察するに手で襟首を摑んでいる。せっかく伸ばした首は使われていない。自分を殺した二人目の犯人、宿屋の主人も娘の首が伸びて苦しんではいるようだが普通に生きている。

それに、ろくろ首は人智を超えた恐ろしさを漂わせる反面、脆弱さも持ち合わせている。確かに頭部という生命活動に欠かせないパーツを重力や肉体から自由に切り離す強さはあるが、同時にボディや首という急所を無防備にさらす危うさもある。RPGの戦闘シーンなら確実に伸びた首か動かない胴体が狙われる。見た目だって恐ろしいことには違いないが、人間の形を色濃くとどめている。より強靭で破壊力のある蛇とか鬼になった方が圧をかけやすそうだし、怨みも晴らしやすそうだ。なのにろくろ首たちはただ首を長く伸ばし、憎い相手を見下ろしながらゆらゆらと佇《たたず》んでいる。それは果たして無力さの表れなのだろうか？

そこまで考えて、ふと思った。もしかしてこれは攻撃ではなく、身体を使った発信だったりするのだろうか。身体を変化させたのは、コンテンポラリーダンスのように表現したいことがあったからだったりして。何を表現したいのかというと、もちろん怨みつらみだ。だけど嘆きに終始する、着物の裾を引っ張るような怨みとは少し違うのではないか。物理的な視座の高さも相まって次のようなイメージが湧き上がってくる。

――むかし愛した、私を裏切った恋人よ。私のこの身体《からだ》を見ろ。私はお前の知っている私とまったく別人になったわけではない。別の人間になってお前の行いを忘れ許すなんて都合のいいことをしてやるはずがない。だけど今や私は、お前にただ搾取されたあの時の私とは比べ物にならない存在になり、お前を凌駕する力を持っている。持っているけど使わない。お前にはちょっと変わっただけに見えるだろう。だけど私はお前には到底至ることのできない状態へと変化したのだ。私の長く伸びた首を目に焼き付けながら、思い知るがいい。お前が「殺す」という行動で示した愛の終わりを、私は身体で表明してみせる。

それにしても、およつはまだいい方かもしれない。いや、一切よくはないんだけど、自分のされたことに対して自分で怒りを表明できる、その主語は「自分」だ。だけど宿屋の娘は？　彼女は自分に関与しようのないことで、身体を変化させられてしまった。彼女の首が伸びたのは、自分のためでも、自分のせいでもない。自分の身体に自分以外の意味を押し付けられるのは苦しい。しかしそれをおよつのせいにすることはまったくもって不毛である。事件の根源を辿らず、結果の結果の結果だけに責任を負わせることはあまりにもイージーだ。

どういうわけか、ろくろ首という妖怪はほとんどが女性として出現する。男性のろくろ首も存在はするが、「妖怪　ろくろ首」という名前を出されたとき、女性の姿を想像する人が多数ではないだろうか。たとえ首が伸びなくても、女性の肉体は経年とともに変形していくことが多い。または変形に注目されることが多い。胸部や尻に肉がつき、子宮が成長することについて学ばされる。髪を長く伸ばすことが（今でも、他の性よりも比較的）多くあるし、体毛の処理をしばしば求められる。そして時に、皮膚や体形の変化を揶揄《やゆ》される。妊娠した場合には腹部が突出し、それにともない皮膚も伸びる。体内で新しい生命体を巨大化させ、その生命体を外部に放出する。放出したあとには身体の機能や感覚や表層が激しく変調する。それら諸々の変化が、「女性」というものに対する評価軸の一つになっていることは、ババアとかデブとかいう一ミリも益体《やくたい》のない悪口が「成立しうる」というコモンセンスの存在からも窺《うかが》い知れる。

自分のあずかり知らないところで勝手に身体が変わり、勝手に噂かれたり恐れられるという「宿屋の娘が置かれている状況」は、実は「女性が日常的に置かれがちな状況」によく似ている。それでも、身体に対して抱かれる感情がナメではなく畏怖だけであるという点では、宿屋の娘を羨ましいと思う人もいるかもしれない。

能動的な攻撃を仕掛けていないのに、佇んでいるだけで圧倒できる。こんな身体の変化なら、どれほど爽快だろう。定められたガイドラインをスレスレで逸脱していないように見せかけて、その実軽々《じつ》と飛び越えるのは、目を逸らせない状況を作り出しておきながらまなざしが縋っていたものをめちゃくちゃに破壊するのは、どんなにせいせいすることだろう。

ろくろ首たちは「ちょうどいい」ところでやめない。たとえば、「あなたは首が長くてきれいで、いいね」と友達を羨《うらや》んだりすることはあるが、いくらきれいでも、何メートルもある首は一般的にはあまり持て囃《はや》されない。「ちょうどいい」長さではないからだ。

一九五三年、伊東絹子氏がミス・ユニバース第三位に輝いた。翌一九五四年、彼女の主演映画『わたしの凡《すべ》てを』の公開にあたり、映画館の前には一枚の板が設置された。伊東絹子氏のプロポーション通りにくり抜いたその板を通り抜けられたら、美人だと認められて映画の招待券が貰えるという。その名も「美人測定器」。このあどけない測定器は筐体を替え、目盛りを替え、尺を替え、設置場所を替え、「ちょうどよさ」を替え、女性たちを測定する。「いい」の定義が私たちの身体と同じくらい頻繁に変化する昨今、むしろ定義が一つから二つになり、三つになり、無数になりつつある昨今、もはや「ちょうどいい」とは「日常生活に不便が少ない」とか「生命に危険をもたらさない」以上でも以下でもないはずだ。それでも旧態依然とした測定器が現れたとき、「首がにょろにょろと伸びて宙を漂う」という「ちょうどよくなさ」で立ち向かえたら……と想像すると頼もしい気分になる。

＊

できるなら、私も首を高くもたげ高いところから街を眺めてみたい。首が伸びてくれるなら、遠くからでもちょっとお喋りしたり、接吻を交わしたりできて楽しいだろう。嫌なヤツの鼻を嚙んで泣かせたり、巻きついて転ばせたりもできるし。いつか人類の首が自在に伸縮できるようになったら、また新しい表明の仕方を考えればよい。

たとえ襟もとをきつく押さえつけられたとしても、およつはきっとどこか別の部位を恐ろしく変化させて回信に迫っただろう。案外、変化できるのは首だけとは限らないかもしれない。髪型を変えたり、衣服を変えたり、化粧を変えたり、皮膚の質感を変えたり、筋肉を変えたりすることでも同様の気分を手に入れられるかも。

赤く染めた髪にオールパーパス・パーマをかけて、五センチのプラットフォームに十センチのヒールを履いて、ずたぼろの洋服を着て、つけまつげを三つずつ重ねて、今までと一味違った姿であなたに会いに行こうかな。首を長くして待っていてね。

BACK STAGE 2　嵐の後

III あれこれ言われる女の子たち

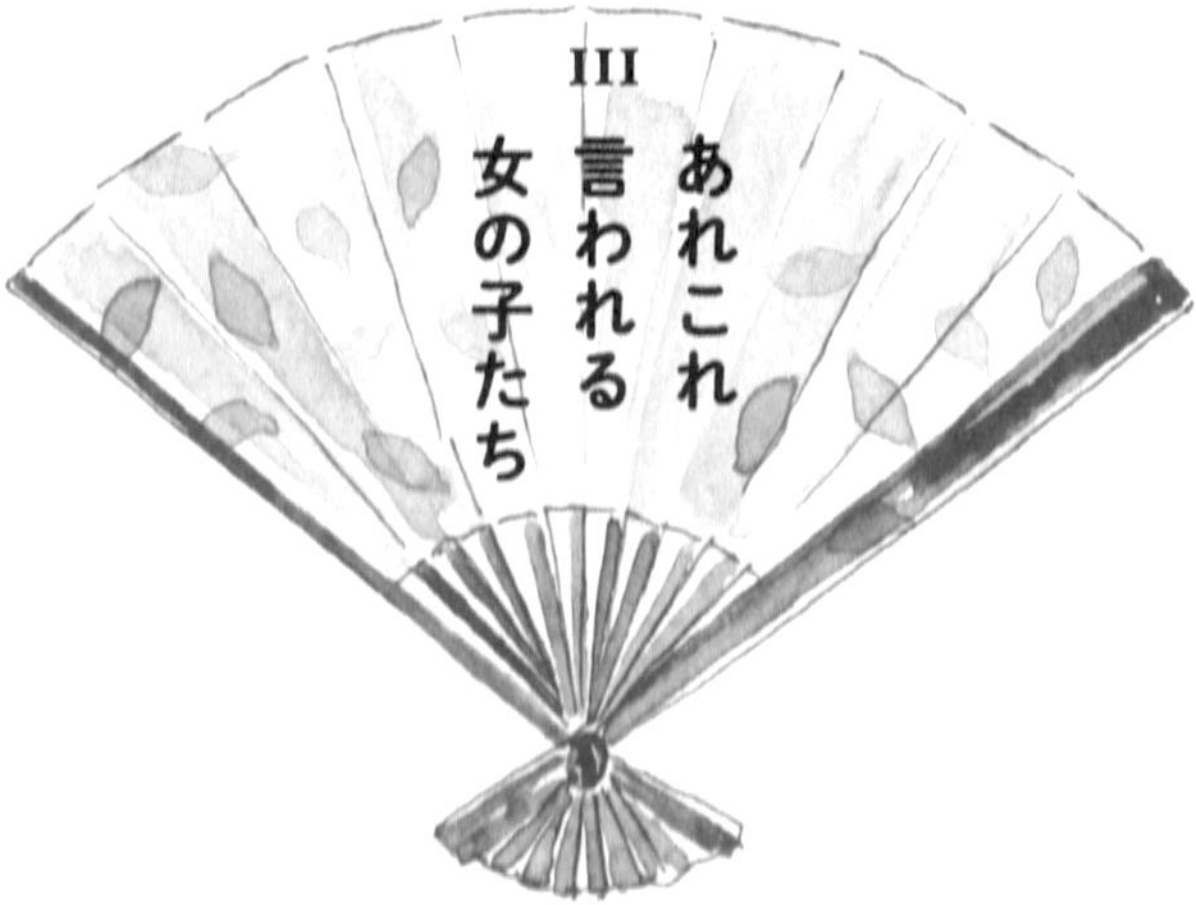

case study 9

腕力とヤバい女の子──尾張の国の女（今昔物語）

ちょっとビビらせてやったら、泣いて謝ってんの。おっかしいんだから。……って、全然おかしくないわ。何がおかしいのか教えてほしい。いや、いい、いい。教えなくていい。バッティングセンター行ってくるから、ほっといて。

今となっては昔のことだが、聖武天皇の時代、尾張に久玖利《くくり》という男がいた。久玖利の妻は糸のように華奢《きゃしゃ》で柔和な雰囲気の人だった。彼女は麻の糸から細畳の生地を織るのがたいそう上手く、夫にすばらしい着物を仕立てて着せていた。ある時、久玖利の上司にあたる国司《こくし》の役職の男がそのうつくしい着物に目をつけた。

「なんだ、ずいぶんよいものを着てるな。お前にはもったいない」

「あっ、ちょっと……！」

国司は着物をカツアゲしてしまった。身ぐるみを剝がされ帰宅した夫を見て妻

はたずねる。

「ひどい目に遭ったんだね。……あなた、あの着物のことを心から惜しいと思う？」

「惜しい。……ひどく惜しい」

久玖利の返答を聞いて妻は国司のところへ出かけていった。

「こんにちは。着物を返して下さい」

突然見ず知らずの女が訪ねてきたので国司は面食らった。一人でのこのこやって来て、しかもこの俺に意見しやがった。何を返せだって？

「着物です。返して下さい。私が夫のために作ったものですので」

「何なんだこの女。とにかくつまみ出せ」

大声で人を呼んで追い立てようとする。が、どういう訳か少しも動かない。屈強な部下たちが全力で押したり引いたりしているのに、びくともしない。実は、彼女は生まれつき物凄い怪力の持ち主だったのだ。祖父は豪腕で有名な道場法師。その血を継ぐ彼女にとって、たとえば竹をバキバキに砕くことなど糸をつまみ上げるように造作もない。細い二本の指だけで椅子ごと国司を持ち上げ、そのまま門の外へ連れて行く。そしてもう一度言った。

「着物を、返して、下さい」

もうすっかりビビってしまって、先ほどまでの態度はどこへやら、国司はすぐに着物を返した。あーあ、ケチがついたな、と思い、彼女は取り返した着物を洗って清めておいた。これを見ていた久玖利の両親は疎ましく思った。

「息子よ、お前、嫁のせいで国司の恨みを買うんじゃないか」

「おお、恐ろしい……。私たちも危険だよ。実家に帰らせよう」

両親は口々に息子に訴え、とうとう久玖利は離縁を決めてしまう。妻は仕方なく荷物をまとめるしかなかった。

里帰りしてようやく落ち着いた頃、彼女が草津川のあたりで洗濯をしていると、商人の舟が通りがかりに益体《やくたい》もないヤジを飛ばしてきた。彼女が黙っていると商人たちは調子に乗り、ますます冷やかし、嘲《あざけ》り笑う。あまりにしつこいので一言忠告する。

「あんまり人をナメていると、今に頬をぶん殴られるよ」

商人たちはこれを聞いて怒り出し、あろうことか彼女に荷物を投げつけてきた。いくつか命中したが頭にきていたので痛みは感じない。彼女が祖父譲りの怪力で船体をひっぱたくと、舟はひとたまりもなく後ろの方から水没した。大惨事である。商人たちは川辺にいた人々を雇って積荷を救出しなければならなかった。それを眺めながら彼女がぽつりとつぶやく。

「あまりにも失礼じゃない？　なんだってみんな、私を攻撃したり馬鹿にしたりするわけ？」

そう言いながらまだ積荷が残っている重い舟を引っ張り、一町（約百メートル）以上陸地の方へ運んでしまった。もう誰にも動かせない。商人たちはようやくまずい相手に喧嘩を売ったことに気づき、膝を折り謝った。

「いや、ほんとうに、お怒りも尤《もっと》もです。どうかお許し下さい」

謝罪の言葉を聞き、彼女は商人たちを許した。あたりにいた人が集まってきて、この怪力がどれくらいのものか試そうということになった。舟は五百人で引いても動かなかった。つまり、彼女の力は五百人力ということになる。噂を聞いた人々は「不思議なこともあるものだ。前世にどんなことがあれば、女の体でこんなにも力が出せるんだろう」と語り伝えた。

腕力でぶつかって勝敗を決めるというのはわかりやすい。腕力を使って目的を果たす。腕力を使って立ちはだかる者を取り除く。力が弱い方が負け、強い方が勝つ。ある面では単純明快、ある面ではドラマティック、ある面では危険なシステムだ。バトル漫画では各分野のツワモノたちが天下一を競ったり、天下統一を目指したり、世界平和を守るために力を奮《ふる》う。さまざまな設定の猛者たちの中には望まないのに力を使わざるを得ないキャラクターもいる。しかし「今昔物語」の中の「尾張の国の女」は、そんな苛烈な世界に登場してもおかしくないスペックを持ちながら、もっと素朴で日常的な、それでいて十分すぎるほどままならない世界に生きている。

彼女は別に天下統一を目指していなかったし、野心もギラつかせてはいなかった。ただ愛する人と平和に暮らせることを願っていたが、その願いは叶えられなかった。

誰が彼女の幸福な生活を壊したのだろう。表立って攻撃してくるのは夫の着物を取り上げた国司と、草津川で汚い言葉を投げかけてきた商人だ。彼らは積極的に彼女（とその夫）に接触し、トラブルを引き起こす。ゼロの状態からマイナスへ誘導する。そもそも国司に着物を取り上げられなければこの物語は始まらなかった。ではその国司をボコボコにすればいいのか？　国司と商人、この二人のトラブルメーカーを排除すれば万事解決するのか？

ここで一つ、図を作ってみた【次ページ】。彼女の身に起きたことと、それによっ

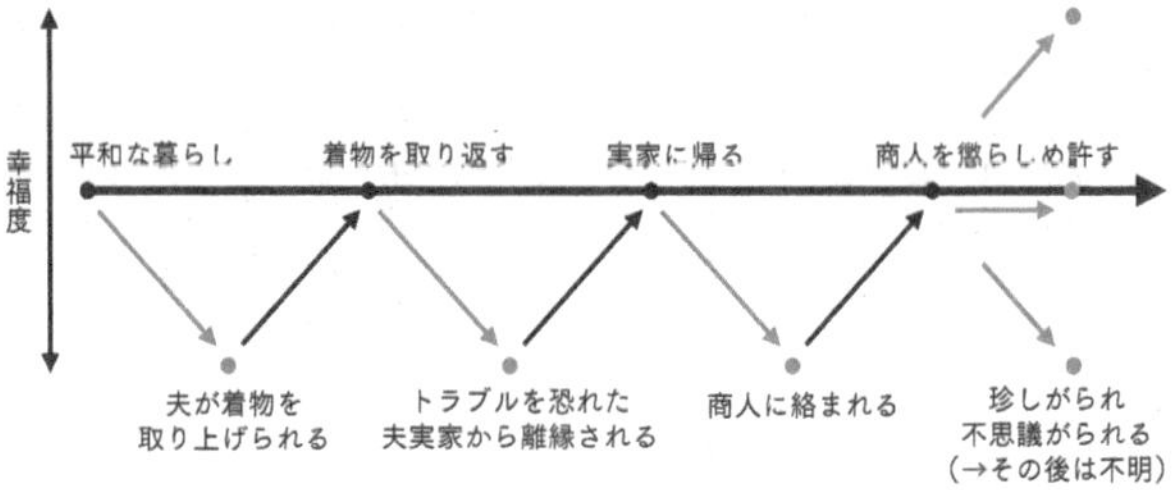

て変化する幸福度の想像図。本人にインタビューできないので私の想像で作成した。二度のトラブルに遭遇したとき、彼女は二度とも自分の力で解決している。パワーで相手に競り勝っただけではない。国司に取り上げられた着物を洗って清めることでリセットしているし、謝罪した商人を許して精神的にも一応折り合いをつけている。もちろん不愉快な目に遭ったことは取り消しようもないが、何とかトラブルが起きる前に近い精神状態にまで持ち直しているのだ。

しかし本当のトラブルは事件の後に起こった。きっかけを作ったのは国司だが、終わらせたのは夫とその両親だ。国司から着物を奪い返してきた彼女に、家族は冷たく対応する。夫は「ありがとう。怪我してない？　国司、何か言ってた？　逆ギレしてないと良いんだけど……」とは聞かなかった。根拠のない想像によって怯え、妻を「災いのとばっちりをもたらす者」にしてしまった。彼らの中では「イレギュラーなもの＝悪いもの」だった。もしかしたら、反対だったらよかったのかもしれない。着物を取られたのが妻で、取り返したのが自分だったら、夫にとってそれほどイレギュラーではなかったかもしれない。とにかく彼らは今までに見たことがない、得体の知れない、自分より凄そうな、ややこしそうなものを追放したがった。

では、彼女が怪力を使わなかったら、あるいは最初から怪力がなかったら、幸福な生活は続いたのだろうか？　果たして物語はハッピーエンドになっただろうか？　試しに「怪力が登場しない」物語を二つ書いてみる。こちらも、本人にインタビューできないので私の想像で作成した。

【国司編　怪力を持っているが使わないver.】

夫のために縫った着物を国司に取り上げられてしまった。心から気に入ってたので悔しいと夫は言う。私のこの力を使えば簡単に取り返すことができるけれど、後々睨まれるくらいなら着物は諦めよう。たかが服だし、また作ればいいから。そう自分に言い聞かせて我慢したが、調子づいた国司は次の着物もまた奪ってしまった。しかも着て見せつけてくる。それでも何も言わない。言えない。傍若無人な振る舞いはさらにエスカレートし、とうとう着物を破かれてしまった。

【商人編　怪力を持っていないver.】
川で洗濯していたら知らない男たちが最悪な言葉をかけてきた。誰だよお前。気持ち悪いな。でも石とか投げられたら嫌だし、舟に乗せられて連れ去られたら危険だから黙って無視した方がいいかも……。そう思って静かにやり過ごそうとするが、全然立ち去る気配がない。すごく不快だ。もしかしてこれ、私が帰るまで終わらない感じ？　何で洗濯してるだけでこんなクソみたいな目に遭わなければいけないのだ。何とかして彼らを黙らせることができればいいんだけど。

想像とはいえ、地獄である。少しもハッピーではない。怪力があってもなくても平和な暮らしが成り立たないという世知辛い結論に至ってしまった。だけどこの想像は、私たちの毎日とそんなに大きくかけ離れているようには思えない。
「何の故に諸の人、我を捩《りょう》じ蔑《あなづ》るぞ」と彼女は言った。――なんだってみんな、私を攻撃したり馬鹿にしたりするわけ？　国司も、商人も、怪力のことを知らずに馬鹿にしていた。どんな振る舞いをしてもコイツなら反論されない／抵抗されない／自分の身に危険はないと思って馬鹿にした。そして怪力が登場した途端に屈服した。反論される／抵抗される／自分の身に危険があるとわかって馬鹿にするのをやめた。いや、抵抗されなくても普通に接しろよ。

彼女はいつも、自分から進んで傷つけない。誰かから攻撃のベクトルを向けられて、はじめてそれを止めるために怪力を使う。夫が怪力に驚いたということは、その存在を今まで知らなかったということだ。夫が知らなかったということは、彼女がこれまで力を見せなかったということだ。見せようと思えば簡単に見せられる（竹を折るくらい朝飯前なのだ）。彼女はきっと、敢えて隠していた。世の中には「あんまり人をナメていると頬をぶん殴られる」というリスクを見せつけないと他人に敬意を払えない人間がいると知っていたが、不用意に力を使えば余計ないざこざを呼ぶのもわかっていた。もちろん「国司に喧嘩を売ると危険」などという馬鹿げたことだって最初から予測していた。ただ、危険より愛を優先しただけだ。愛する人が「あなたの作ってくれた着物が惜しい」と言ったから取り返しに行っただけだ。だけど彼女が大切にした「愛」自身は、愛より保身を優先した。結局、彼女は自分が守りたかった者たちによって、自分が守りたかった者たちを奪われたのだ。怪力を使わなければ不快な目に遭い、使えばイレギュラーなものとして追放される。力を持っていても持っていなくても冷遇される。でも、じゃあ、どうすればよかったの？　ずっと息を潜めて暮らすの？　いつまで？

今際《いまわ》の際に、「もっと思うようにしてみたかった」と後悔するまで？

この「尾張の国の女、細畳を取り返す語《こと》」と題された物語は、このあとどうなるのだろう。少し似たお話に、全国各地に伝わる「屁こき嫁」がある。大規模なおならを理由に離縁された女の子が、おならで行く先々の人々を助けてその価値を再発見され、「あなたが快適に過ごせるようにおなら専用の部屋を作るから、ぜひうちに戻って来てほしい」と頼まれる……というハッピーエンドの物語だ。隠した特性があらわになって離縁されるという点で似ているが、「屁こき嫁」では主人公の持っている力がポジティブなものだということが終盤ではっきりと描かれる。

一方、「尾張の国の女」は何だかわからないまま、良いとも悪いともつかずに唐突に終わる。不思議だなあ、なぜ女性なのにこんなに力が強いんだろうねえ、とみんなが口々に言って終わる。珍しいねえ。変わってるねえ。だけど本当のところ、そう不思議でもなかったりする。彼女の怪力は祖父の道場法師から受け継がれたと本文中に書かれている。その道場法師の怪力の由来も平安時代初期に書かれたとされる説話集

「日本霊異記」の中で、「道場法師の父親が雷を助けたことによって授かった」と明らかにされている。つまり、彼女にとって怪力は得体の知れないものでもなんでもなく、出自がはっきりしていて、身近にあり、完全にコントロールできるものだ。そして自身を助けてくれる特長だ。周囲の人々が彼女の持つ力を不思議に思うのは、その審美のザルの目の細かさが彼女の魅力に追いついていないからだと私は思う。もしかすると、「尾張の国の女、細畳を取り返す語」の作者でさえも、この魅力を語り尽くせなかったから、結末がないのだろうか。あるいは、当時の価値観に合わせてオチを切り取ってしまわないように、わざと途中で終わっているのかもしれない。

＊

「尾張の国の女、細畳を取り返す語」は「今昔物語」巻二十三に第十八話として収められているが、その一つ前の第十七話にも「尾張の国の女」が登場する。この小柄な女性も道場法師の孫で、生まれ持った怪力を使い、悪いキツネを懲《こ》らしめるというストーリーだ。第十七話と第十八話の「尾張の国の女」が同一人物かどうかも、二つの話の作者が同一人物かも今となってはわからない。だけどこんな風に、彼女がどこかで別の物語を続けていないとも言い切れない。結びの言葉が決まっていないのだから、これから彼女は何でも好きなものになれる。何しろ彼女にはもうすでに、物凄く大きなポテンシャルがあるのだ。正義感と人情があり、気は優しくて、力持ち。その魅力を余すところなく書き残そうと思うと、チャプターがいくつあっても足りないだろう。きっと長くなりすぎて今昔物語に収まらず「尾張の国の女」シリーズだけでまとめられる。たとえばこんな風に。

尾張の国の女、山賊を全員捕まえる語《こと》。
尾張の国の女、海で泳ぐ語。
尾張の国の女、美食に目覚める語。
（中略）
尾張の国の女、怪力仲間ができる語。
尾張の国の女、才能を開花させて天職に就く語。
尾張の国の女、いつまでも幸せに暮らす語。

case study 10

嫉妬とヤバい女の子——山の女神（オコゼと山の神）

コンプレックス、あるある。手癖みたいな絵しか描けないことが昔からコンプレックスなんだよね。デッサンが上手い人の絵を見ると妬ましくて消えたくなる。……え？　顔？　顔は別に気に入ってます。

昔々、山に一人の神が住んでいた。女性の神だ。普段はほとんど姿を現さなかったが、秋から冬は山を、春から夏は田んぼを司《つかさど》っていた。あたり一帯の村は彼女の加護を受け、いつも実りに恵まれていた。

ある時、山の神は珍しく里に降り、農作物の出来を視察してまわることにした。どの家も田植えを終え、さわやかな風にまだ背の低い苗が青く揺れている。かわいい苗の様子をよく見ようと身を乗り出したとき、水を引いている小川に山の神の姿がふと映った。

「……！」

思わず息を呑《の》む。信じがたいほど「醜い」顔が、水面にゆらぎながらこちらを向いている。山の神はこれまで一度も自分の姿を見たことがなかった。これが、これが、私の顔？？？　私の顔は、こんなにも醜かったのか。今まで私は、こんな顔で生きていたのか。思わず一歩、後ずさる。もう一歩。二歩。それからくりと踵《きびす》を返して山へ駆け戻り、彼女は社《やしろ》に閉じこもってしまった。

神が心を閉ざしたことによって山は荒れ果てた。木々は深く入り組んで人々を拒み、動物も見当たらない。川の水が減り、畑も田も干上がって久しい。村人たちは困り果て、なんとか山の神に元気を出してもらおうと相談しあった。

数日後、社の前に数人の村人が立っていた。彼らが献上したお供え物はオコゼだった。トゲが生えた茶色い体。不規則に隆起した輪郭。つりあがった目。大きく開いた口。白地に黒の斑点模様の舌。小さな魚の姿を見た途端、山の神はげらげらと笑い出した。

「……なんだ。私よりも醜い顔があったんだな」

山の神は引きこもるのをやめ、今までのように豊かな自然と作物を村にもたらすようになった。

コンプレックスは人生のさまざまなシーンでその持ち主を追い立てる。顔のパーツの位置だったり、体のラインの角度だったり、人間関係だったり、性との折衝だったり、才能の総量だったり。思い出に根を張って育つこの嫌な植物は、人によって科も属も種も異なり、強靭さも寿命の長さもまちまちである。かんたんに植え替えられないし、誰かに撤去してもらうことも難しい。そりゃあ、引っこ抜けるなら根こそぎ引っこ抜きたい。もっと言えばコンプレックスなんて最初からない方が、人生、過ごしやすいに決まっている。だから「山の神とオコゼ」は、一人の女の子の悩みが解決する救済の物語だと捉えることもできる。

しかし、いや、なんというか、なんとも言いがたいのだが、この結末、果たしてオールオッケーなのだろうか？　なんか腑に落ちなくない？　自分のことを好きでいられることは素晴らしい。私だって自分を愛したい。自分のせいで発生したわけでもない自身の一部に悩まされ続けるのはもういやだ。どこまで行っても付きまとう断続的な苦々しさから逃れられるのなら、誰に貧乏くじを引かせても致し方ない。だって、今、こんなにつらい。

それはわかる。実際に、具体的に誰かを犠牲にしてもかまわないと思い、それを実行するかどうかはさておき、モラルをめちゃくちゃにしても救われたいという気持ちは確かに存在する。だけど「山の神は醜いから、自分より醜い者を見ると安心して機嫌が良くなる」というストーリーを目の当たりにすると、そ、そんな、「下見て生きよう」みたいなことで解決する問題なのか……？　という疑問がふつふつと湧き上がってくるのだ。しかもソリューションは周囲の人間によって提供されている。それって本当に、カタルシスなのか？

「山の神」と「オコゼ」は縁深い。山と海、生活圏は被っていないのに、昔話の中でなぜか頻繁に結びつけられる。二人の関係は愛に溢れるケースもあれば、憎しみが支配するケースもある。

前者は「御伽草子《おとぎぞうし》」に収録されている「をこぜ」だ。男性らしき山の神がオコゼの姫に一目ぼれし、愛の手紙を送り結ばれる。恋に悩む山の神にカワウソが「オコゼの姫は姿形が醜いからやめておきなさい」と言うのを、山の神は「彼女は高貴で知的ですばらしい形相だ」と一蹴する。

後者は、三重県尾鷲《おわせ》市に残る風習「笑い祭」。かつて山の女神と海の神（性別不明）が、それぞれのエリアに住む生物の数を競い合った。数えてみると山と海に住む者の数はぴったり同じ。勝負は引き分けに終わろうとしていた。そこへ唐突にオコゼが現れ、海チームに一票が加算される。怒り狂う山の神をなだめるため、村人たちは「こんな醜い生き物は魚ではない（よって、勝負は引き分け）」と言い、オコゼを笑い者にしてみせた、という伝説だ。

そして山口県や熊本県に伝わる伝承「オコゼと山の神」では、山の神とオコゼの間には愛も憎しみも存在しなかった。愛してもいないし、憎んでもいない。だいたい初対面だし、お互いについて何も知らないので感情の抱きようがない。縁もゆかりもない二人は、村人の想像によって突然結び付けられた。醜い者は、醜い者と争い合うだろうという想像によって。もし対面で引き合わせられていたら、微妙な空気がその場を満たす以外の結末が想像できない。

「あ、どうも……」「どうも……」「何か……はじめまして」「何て言うか……ブス選手権みたいに」「なってますよね」「はあ……」

気が晴れるどころか、気まずいことこの上ない。誰か助けてくれ。

話は逸れるが、山の神は、しばしば女性だと考えられる。先に挙げた「御伽草子」では男性として描かれているようだが、各地域に残る伝説ではたびたび「女性」として登場する。そして、彼女にはなぜか「嫉妬深い」というキャラクター設定が付いていてまわる。「山の女神が嫉妬するから女性が山に立ち入るのは危険だ」と考えられ、それが宗教や風習と抱き合わせになって女人禁制に繋がったという説もある。

反対に、山の神は嫉妬される側にまわる場合もある。秋田県を中心に、山の女神、木こりの男、男の妻をめぐる三角関係らしき伝承が残されている。やたらめかし込んで山へ出かける木こりを不審に思い、妻がこっそり後をつける。見知らぬ女といる夫を見た妻が怒って声をかけると女は消える。女は山の神で、夫を危険な足場で守ってくれていた。山の神が消えたので夫は転落死してしまった、というのが大筋だ。

こんな風に、女と嫉妬は「嫉」と「妬」の文字よろしく、ワンセットにされてきた。「女は嫉妬する。自分よりもうつくしいものを、あるいは女そのものを排除する。そして自分よりも醜いものに安堵する」。しかし、果たして人と人の関係性というものは、周囲の人間が定義できるほどイージーなものなのだろうか。

「女を排除する女」といえば、私は能の演目『竹生島《ちくぶ》』を思い出す。

滋賀県・琵琶湖に浮かぶ竹生島に、男たちが参詣しにやって来る。竹生島は弁財天の島で、それゆえに女人禁制と決められていた。男たちは地元の漁師と海女《あま》の二人組に頼み、釣り舟に乗せてもらい竹生島を目指す。

島に到着すると、海女は男たちと一緒に上陸する。男たちが「ここは女人禁制なのに、入っていいの？」と心配するが、海女は突然「弁財天は女性。女を分け隔てすることはない」と語り、社の中へ消えていく。彼女の正体は弁財天の化身だった。男たちはあっけにとられ、彼女の消えた場所を見つめていた。

この物語の中で、「女神」と「女」が排除し合う関係だろうと想像するのは周囲の人間だけだ。海女がたまたま弁財天本人だったから溜飲も下がろうという展開だが、もし彼女が普通の人間だったら、勝手に作られた配慮のために舟に戻されていただろう。私たちはいつでもこの弁財天のように振る舞いたいが、チャンスを逃し、あるいははじめからチャンスがなく、謎の忖度《そんたく》を余儀なくされることも時々ある。

これは最も厄介な問題なのだが——顔の造形について悩む山の神にさらに醜い（と判断した）オコゼを当てがったからといって、「オコゼと山の神」の村人たちをヒール役にして、改心させれば解決というわけではない。むしろ彼らを責めることは、いつも心が重い。なぜなら彼らは大抵、「いい人」だからだ。良かれと思って心を砕き、できるだけのことをしている。それに、山の神に出てきてもらわないことには農作物が育たない。早急に対処しなければ彼らは飢えて死んでしまうところだった。

しかし、事態がそこまで逼迫《ひっぱく》していなかったとすれば、これは人類が成熟するチャンスだったのにもったいないと私は思う。この出来事は、美醜の概念を見つめ直し、ままならない世界との付き合い方を考え直し、新たな一歩を踏み出すチャンスだった。彼女が「私は醜いからもう外に出たくない。何もしたくない。生きる気力もない」と言い出したとき、村人たちは「あなたよりも醜い者がいますよ！」と言うことで「醜い＝悪」という概念を肯定してしまった。そんなことよりいつも豊作をありがとうございます、とか、彼女の神様にしては多分に人間に寄った美意識はどこで形成されたものなのか、とか、そもそも「醜い」ことは山や田んぼに加護を与える強大な力を投げ出すほどに思い悩まされなければならない主題なのか、とか。

時代がもう少し穏やかで、もう少し物理的に生きやすければ、そういったことを考える余裕があったのだろうか。今ならその機会を——問題の構図を【山の神vsままならない世界】から【山の神vsオコゼ】にスライドさせて間にあわせずに、【山の神&人類&オコゼvsままならない世界】について考える機会を——ふいにしてしまわずに済むだろうか。

＊

神と人間の話ばかりしてきたが、そもそもこの物語は、オコゼからしたらめちゃくちゃに失礼な話だ。突然呼び出され、まったく知ったことではない価値観で笑い者にされるのだ。迷惑極まりない。オコゼの価値観に照らし合わせて見れば、ヒトの方がよほど妙な顔ではないか。そういえば、オコゼにも個体差がある。彼らはたいてい茶色い姿をしているが、ごく稀に黄色やオレンジ色の固体が発見される。黄色いオコゼも、山の神のように悩んだだろうか。

オコゼは白身魚。背に猛毒があるが、身は美味である。唐揚げ、刺身、煮付け、酒盗、鍋、味噌汁などにする。もしかすると山の神は、オコゼが自分より醜いから機嫌が良くなった……とかいうことはまったくなく、とにかく美味いものを前にテンションが上がっただけかもしれない。

やった〜！　今年もお歳暮（？）来た来た。毎年楽しみにしてるんだよね〜。なかなか海まで行けないし、貴重なコラーゲンだぜ。あ〜、日本酒飲みたい。これのために働いていると言っても過言ではない。豊作？　もちろん任せといて！　あと、なんか良いレシピサイトも教えてくれない？

――なんて言っているかどうかは、山の神の社の中、彼女のキッチンでのみ明かされるのだった。

case study 11

矛盾とヤバい女の子――北山の狗《いぬ》の妻（今昔物語）

何があったの。なぜあんなことをしたの。あの人とどういう関係だったの。付き合ってたの？　何歳離れてるの？　どうして別れちゃったの？　すべての詮索が私の中を通り抜けて行く。絶対にわかりっこない。私も真実を探しているのだ。

今となっては昔の話だが、京に一人の男がいた。ある時男は北山へ遊びに行った帰りに道に迷い、山の中で小さな庵《いおり》にたどり着く。声をかけると二十歳ばかりのうつくしい女が出てきた。突然の来訪者にたいそう驚いている。道がわからなくなって帰れない、今夜泊めてほしいと頼んだが、彼女は何やら逡巡している。「ここは普通の人間が来るところではないのです。もうすぐ夫が帰ってくる。夫があなたを見たらどう思うでしょう」

どうにも含みのある言い方だ。しかし男は他に行く当てがない。何とか取り計らってほしい、どうか一晩だけお願いしますと食い下がる。とうとう女は折れ、

それでは長いあいだ離れ離れになっていた兄だということにしようと口裏を合わせた。

「お泊めしますけれども、京へ帰っても、ここに私たちのような者が住んでいるとは言いふらされませんよう」

男は強くうなずいた。彼のために筵《むしろ》を敷いてやり、やがて女は話しはじめる。昔は自分も京に住んでいた。しかし突然あさましいものに誘拐され、夫婦の契りを余儀なくされ、こうして長い年月が経ってしまった。その夫はじきにここへ帰ってくるから、どのようなものかは見ればわかるだろう。

「だけど、日々の暮らしは何不自由ないんです」

そう言ってさめざめと泣く。男は話を聞いて完全にビビっていた。夫はいったい何者なのだろう。鬼だろうか。

夜になり、外から恐ろしい唸《うな》り声が聞こえてきた。女が戸を開ける。現れたのは鬼ではなく、巨大な白い犬だった。犬は男を見るとますます強く唸る。

「あなた、長年生き別れていた私の兄が、山で迷って今日思いがけずここへいらっしゃったのです」

女は男のためにうれし泣きの演技をしてくれた。犬は彼女の言葉がわかったような表情でかまどの前へ寝転ぶ。用意してもらった食事を食べ、男はうとうとと眠りはじめた。女と犬は奥の部屋で一緒に寝たようだった。

翌朝、女はもう一度念を押した。

「くどいようですが、昨日のことは他言無用です。それと、よかったら時々ここへいらっしゃって。夫もあなたを私の兄だと思っています。何か入り用のものがあればかなえて差し上げられます」

男は感謝し、お礼を言い、朝食も食べさせてもらい、無事京へ帰り着き――その足であらゆる知人に昨日のことを話してまわった。聞いた者も面白がって言いふらし、京中の人間の知るところとなる。やがて血の気の多い若者たちが「犬を殺して女を連れ帰ろう」と意気込む。

男が山道を案内し、百人から二百人ほどの武装した集団が犬の庵を取り囲んだ。犬は驚いて飛び出してきたが、男の顔を見るやいなや庵の中へ引き返し、女を彼らの前へ出して自分は山奥へ逃げていく。いっせいに矢を放つが、当たらない。さらにどういうわけか女も走り出した。女も犬も鳥のようなスピードで逃げ去っていく。これはただごとではないと気づき、一行は引き返した。男は帰るなり気分が悪いと言って寝込み、数日のうちに息絶えてしまった。

その後、あの犬を見た者はいない。近江の国にいたという情報もあるが定かでない。犬はほんとうは神だったのだろうと人々は噂するのだった。

どうしても言わせてほしい。男、帰宅即言いふらすんかーーーーーーーい!! そう叫ばずにいられない。あんなにさわやかに約束したのに。ギャグかよ。そして、犬、自分だけ逃げるんかーーーーーーーーい!! とも。犬よ、お前、なに一人(一匹)で逃げとんねん。

と、ひとしきり心の中で突っ込んでしまうのだが、しかし男と犬の行動は、実は結構理解できる。

男については、同じシチュエーションに置かれたら私も同じことをするかもしれない。山奥で出会った人が「誘拐されてここに住んでいる」と言って泣いていたら、そりゃあ、誰かに話して助けなきゃって思うよな。わかる。割といいヤツだったのかもしれない。だとしたらちょっと気の毒だ。本気で救出と保護に取り組むつもりなら、言いふらすのは本当に悪手だが。あるいはもっとのんきに、チョケて口をすべらせてしまったセンもある。約束を守らなければひどい目に遭うという教訓のために設計された登場人物としては、及第点の軽薄さだ。

犬についても考えてみる。女を攫《さら》ってきたのが事実なら到底許されることではないが、余りに許されないので一旦おいておく。犬がもし本当に神様だったとすれば、男を兄だと偽り自分たちのことを話してしまった「罪」に対する「バチ」として、女が見捨てられ置き去りにされたということはありえる。この場合、女が犬との生活に価値を見出していなければ「バチ」として成立しないが……。もっとラブなロマンスに寄せて想像するならば、女が自分より人間の男を選んだのを見て人間の世界へ返してやろう、普通の幸福な暮らしに戻らせてあげようと思ったのかもしれない。このように、正しいかどうかはわからないが犬と男の心情は何パターンも推測できる。

しかし女の行動が理解できない。自分を攫った犬を憎んでいて、男を利用して討伐させるつもりだった……というには何だか矛盾があるような、煮え切らないような、とにかく歯切れが悪い。

冒頭で男が迷い込んできたとき、現状を打破する絶好のチャンスであるにもかかわらず、彼女は家に上げることを渋った。男が諦めて帰っていたらあわや物語は終わるところだった。それに「ここで見たものは他言無用」と口止めしている。これでは、男に救済の希望を託したいのか託したくないのかわからない。一方で、攫われてきた身の上を話すときには涙を見せたり、男に再訪を促したりと、何だか支離滅裂である。

ラストシーンでも、男たちと一緒に行くだけでかんたんに京へ帰りつけたはずなのに、女はなぜか背を向けている。「犬も女も鳥のような速さで逃げた」と書かれているが、この説明だけでは二人が一緒に逃げたのか、バラバラに逃げたのかわからない。彼女はどこへ行ってしまったのだろう。どうしたかったのだろう。

これらのモヤモヤに対して、想像だけで辻褄を合わせるとすれば、次のうちのどれかになるだろうか。

(一) 女は犬を深く愛していた。自ら望んで犬の庵へ来たのだが、世間の目を気にして「攫われた」と嘘をついた。男たちから逃げたあとは山奥で犬と合流してまた幸福に暮らした。

(二) 女は犬を割と愛していた。攫われたのは事実だが今では夫婦であることを気に入っていた。通りかかった男に身の上話を盛《も》って話してしまい、思わぬトラブルになったが、逃げたあとは山奥で犬と合流してまた一緒に暮らした。

(三) 女は犬をそれなりに愛していたが、通りかかった男を気に入ったので乗り換えることにした。しかし男が武装して乗り込んできたため怖くなって（または面倒になって）逃走した。

（四）女は犬を愛していなかった。この生活から抜け出したいと思っていたが、心のどこかでそんなことは不可能だと思い込んでいた。通りかかった男によってチャンスがもたらされたが、結局犬から離れられなかった。

（五）女は犬を愛していなかった。攫われたことが許せず、通りかかった男を利用して犬への報復を企てた。しかし男や討伐に来た若者と馴れ合う気はなく、一人で放浪の旅に出た。

今度は、もう少し身近な時代で想像することにした。パワーバランスは年齢に置き換えてみる。

（一）私は凄く年の離れた人と恋に落ちた。誰が何と言おうと、この人が好きだ。恋人は私を愛し、できるだけいろいろなものを与えてくれた。私もできるだけ応えた。私たちはこのまま二人でひっそりと暮らしていけたらいいねと言い合っていた。

ある時、町で同年代の男の子と知り合った。彼がぐいぐい来るので、自分も身の上話をする。話しているうちにいろいろな感情が綯《な》い交《ま》ぜになり、何だか興奮してくる。この恋について人に話したことがなかったから、聞いてもらえてうれしかった。話し終えると彼は「今日のことは秘密にする」と言って帰っていった。

翌日、町中で私と恋人のことが噂になっていた。男の子は捕らわれの女の子を助けてあげなければ、と思ったらしい。恋人は私の人生を慮って去ってしまった。私は軽率に人に話したりしてごめんなさい、あなたを傷つけるつもりはなかったのだ、と伝えるために消えた恋人を追いかけた。

(二一) 事情があって、すごく年上の男性と結婚することになった。全然知らない人だし正直最悪だったんだけど、会ってみたらまあ普通のおじさんだった。しかも案外、善人である。私はそこそこ満足した生活を送っていた。最近ではおじさんとも割と打ち解け、結構楽しい日々だ。

ある時、町で同年代の男の子と知り合った。彼がぐいぐい来るので、自分も身の上話をする。話しているうちにいろいろな感情が綯い交ぜになり、何だか興奮してくる。自分でも気づいていなかったけど、無意識に目を逸らしていたけど、やっぱり嫌だったのかもしれない。話し終えると彼は「今日のことは秘密にする」と言って帰っていった。彼みたいな男の子と生きていくのはどんな感じだろう。

　翌日、町中で私とおじさんのことが噂になっていた。男の子は捕らわれの女の子を助けてあげなければ、と思ったらしい。どこへ行っても白い目で見られるので、私とおじさんは町にいられなくなり、引っ越すことになった。おじさんは私に「あの男の子を好きになったのなら別れてもいいいんだよ」と言った。私はそれには答えずに荷造りをしていた。

(三) 事情があって、知らないおっさんと結婚することになってしまった。有無を言わさず連れて行かれて私は絶望した。おっさんは私に好き勝手にものを与えて満足しているらしかったが、私は彼を殺したいほど憎んでいた。

　ある時、町で同年代の男の子と知り合った。彼がぐいぐい来るので、自分も身の上話をする。何だか興奮してくる。だが慎重にならなければいけない。確実にうまくいく方法を探さなければ。話し終えると彼は「今日のことは秘密にする」と言って帰っていった。

翌日、町中で私とおっさんのことが噂になっていた。男の子は捕らわれの女の子を助けてあげなければと思ったらしく、楽しい冒険の気分で乗り込んできた。この町以外に生きていく場所を知らない私は、また絶望しながら元の生活に戻った。

想像を抱えたまま、もう一度この「今昔物語」巻三十一・第十五話「北山の狗、人を妻とする語」を読み返す。

もし本当に犬が女を誘拐したのなら、そもそもすべてダメである。一緒に暮らすうち結果的に愛が芽生えたとしても、それは犬の免罪符にはならない。女が他の生き方を奪われ、結局犬のもとへ戻るしかなかったとしたら、愛の名の下に美談になってはならない。適切な救済の手が差し伸べられる後日談を書き加えるしかない。

では、彼らが彼ら自身でともに生きることを選択していたとすれば——その場合、関係性には何ら問題ない。ないからこそ、「犬と人間が結婚しているのが変だから」という理由で追い立てられたシーンで胸が痛む。女が本当は犬を愛しているのに男に変に思われたくなくて「攫われた」と取り繕ったのであれば、その気持ちはわかりすぎるほどわかる。

＊

「今昔物語」が語りはじめられた一一二〇年代から、約九〇〇年が経った。この物語は証拠が曖昧で、矛盾に溢れていて、要領を得ない。そして解釈次第ではまったく違うストーリーになってしまう。作者不明なので問い合わせのしようもない。

北山の狗の妻が何を考えていたのか、もう絶対にわからない。だけどそれは経年によって消失してしまったのではなく、九〇〇年前から、最初から、女と犬の二人以外には誰にもわからなかったし、わかる必要もなかったのだ（しつこいようだが、攫われた場合を除く）。

だけど女と犬に限らず、人の生涯というものには、こんな風に不明瞭で、成りゆき任せで、説明できないことがある。なぜあのとき、この人が好きだと言えなかったのだろう。私たち付き合ってるんですと胸を張って言えなかったのだろう。だんだん、自分でもわからなくなってくる。楽しかったのか、悲しかったのか、愛していたのか、憎んでいたのか、曖昧になってくる。思い出すとワーーーーーッ！　となることをどうにかこうにか押さえつけ、微《かす》かな記憶と折り合いをつけていくしかない。

自分たちでさえわからないのに、よく知りもしない人々に好き勝手言われて、ひとまず黙って逃げなければならないというのはとてもやりきれないだろう。それでも女と犬は逃げ切った。男たちを攪乱し、都の人々を煙に巻き、さらに九〇〇年の時間を味方につけて、すべてをうやむやにしてみせた。九〇〇年あれば干支が七十五周も巡ってしまう。確かに「今となっては昔の話」だ。いろんなことがあったけど、十二年後の戌年《いぬ》に、それがだめなら二十四年後、三十六年後、四十八年後に、笑って「そんなこともあったね」と言えるといいね。

みんなが自分を見ている。自分の働きを待っている。でも少し、ほんのちょっとだけ、十秒くらいでいいからそっとしておいてほしい日もあるのだ。

case study 12 期待とヤバい女の子――アマテラスオオミカミ（古事記／日本書紀）

アマテラスオオミカミは警戒していた。ものすごい足音を立てて弟・スサノオノミコトが高天原《たかまがはら》へ向かってくるからだ。スサノオは父・イザナギノミコトに命じられて海原を治めているはずだった。アマテラスが高天原、スサノオが海、ツクヨミノミコトが夜の国と、三人の姉弟たちは仕事を分担することになっていた。スサノオの明らかに物騒な気配があたりに満ちる。アマテラスは髪を男性風に結い直し、装飾品と弓で完璧に武装して力を迸《ほとばし》らせながら弟を待ち受け、用件を問いただした。

「スサノオ、何が目的だ」

「お母さん（イザナミノミコト）に会いたいと言って号泣していたら、お父さん

に勘当された。お前のせいで治安も悪くなったと怒られた。ここを出て行かなくてはいけないから、あなたにお別れを言いに来たんだ、姉さん」

いいや、絶対嘘だろ。そんな好戦的な今生の別れがあってたまるか。どうにも腑に落ちないので、アマテラスはスサノオに悪い心がないか試すテストをした。それぞれに子（神）を産み、その子の様子によって心を推し量る。蓋を開けてみると、スサノオがいかにも善良そうな女神を産んだので、差し当たり結果はシロということになった。

「ほら見ろ。だから言ったんだ。どう見ても悪い心なんてないんだよ」

どう見ても悪い心がなさそうには聞こえない発言だが、神聖なテストを疑うことはできない。こりゃ追い出されなさそうだぞ、と察して調子づいたスサノオは威張り散らし、そこらじゅうで暴れまわった。田んぼを荒らしたり、アマテラスの御殿にウンコを撒き散らしたり、ひどい有様だ。やはりどう見ても悪い心がなさそうには見えない乱暴狼藉の数々を、しかしアマテラスはひとまず受け入れた。

「悪気があるわけではないのだろう。酔って吐いた汚物なら仕方あるまい。田んぼの溝を壊したのだって、地面を自然のままにしたかっただけかもしれないし」

そんなわけあるか！　と全員が思っている間にもスサノオは図に乗り続け、とうとう事件が起こった。彼は機織《はたおり》部屋の屋根を壊し、皮を剝いだ馬を投げ込んだのだ。驚き逃げ惑う中、一人の織女の女性器に梭《ひ》が刺さり、死んでしまった。

さあ、もう取り返しがつかない。こんなことになるなら、あの時、弟を追い返すべきだった。アマテラスは耐え難い気持ちになり、天岩戸《あまのいわと》へ引きこもる。太陽神アマテラスが隠れたことにより、世界は暗闇に包まれた。混乱に乗じて悪いものたちが台頭し、混沌が深まりはじめる。それでは困るということで、神々は緊急会議を開いた。オモイカネノカミという神の発案で、ある作戦が決行されることになった。

天岩戸の前に一人の女神が立つ。アメノウズメノミコトと呼ばれるその女神は、おもむろに胸と下半身を露出した。裸に近い格好で踊り狂うアメノウズメを囲み、数千人の神たちがいっせいに吹き出し、熱狂して騒ぐ。笑い声がこだまする。

乱痴気騒ぎを聞きつけ、アマテラスは何事かと岩戸を少しだけずらして外の様子をうかがった。アメノウズメの身体が楽しそうに躍動する。

「私がここに隠れて、真っ暗だというのに、なぜそんなに楽しそうなんだ」

「あなたよりもっと尊い神が現れたので、みんなよろこんでいるのです」

驚くアマテラスの眼前に、タイミングよく鏡が突き出される。パッと映った顔をもっと見ようと、アマテラスは身を乗り出す。そこへ待機していた屈強なアメノタヂカラオノミコトが躍《おど》り出て、アマテラスの腕を摑み引っ張り出す。

——こうして世界に再び光が取り戻された。

神々は協議の結果、スサノオに罰を与えることにした。持ち物を奪われ、爪や髭《ひげ》を切り落とされたスサノオは下界へと追放された。

ずっと気になっていたことがある。この話、気まず過ぎるのではないか。

自分抜きで楽しそうなパーティが開催され、気になってチラチラ見ていたら「あなたよりデキる人が現れた」と突き放され、ついつい顔を出したところを引っ張り出された……なんて、なんだか居心地が悪い。アマテラスが外に出てきて世界は明るくなったが、自分の機能のみが求められているような、だまし討ちにされてまんまと引っかかってしまったような、何ともいえないムードとこの先どう折り合いをつけていけというのだろう。もしこれが自分の職場で起きた事件なら、気まずくて転職してしまう。

気まずいだけではない。私にはアメノウズメの行動がさっぱりわからない。彼女はなぜ服を脱いだのだろう。「鬼が笑う」という昔話にも「尻を見せて鬼を笑わせ、その隙に逃げ延びる」というエピソードがあるが、今回は「鬼に追われて一分一秒を争う！　なりふりかまっている場合じゃねえ！」というほど逼迫《ひっぱく》しているわけではない。世界は闇に包まれてはいるが、一応みんなで会議をするくらいの余裕がある。要は場が盛り上がればいいのだ。別に脱がなくても、いっせいに笑っているふりをするとか、ただ宴会をするとかでもよかった。そもそも女性器の負傷による痛ましい死亡事故を受けて引きこもっている人の前で女性器を露出して踊るというのは、心のケアとしては逆効果ではないのだろうか。それでもアメノウズメは脱いだ。そしてアマテラスは外へ出た。

「アメノウズメの裸体が天岩戸引きこもり事件の解決に有効だったのは、アマテラスが男神だから」という説が存在する。「アマテラス男性説」だ。

この「男性説」の根拠は他に、

・アマテラスを祀る伊勢神宮の斎王《さいおう》（伊勢神宮や賀茂神社に巫女として奉仕した未婚の皇族）は若い女性である。若い女性を供えられてよろこぶのは男性。
・古来から太陽は男性を、月は女性を象徴している。

・女性説は持統天皇の即位をもっともらしい印象にするために作られたもの。

などがある。

では、私たちの知るアマテラスが女性であることが多いのはなぜか。こちらの根拠は、

・「日本書紀」でスサノオが「姉のアマテラス」と言った。
・つらいことがあって引きこもる姿が女性っぽい。
・武装するまでは女性の髪型を結っていたから女性のはず。

などなど。割愛するが学術的なもの、感情的なものを含め、まだまだ諸説ある。

しかし、まあ、乱暴なことを言えば、別にどちらでもいいのだ。アマテラスの物語を物理的に文字で書いたのも、想像したのも、女性だと発言したのも、男性だと発言したのも、すべて人間だ。人間による記録の確からしさを人間どうしでディスりあっているのだとしたら、どちらにしても納得しがたい。女性／男性論争ですんなり納得できるのはアマテラス氏が目の前に顕現して「自分は女性だ」もしくは「自分は男性

だ」と直接言ってくれる場合だけである。そして返答としては「そうですか」以外思いつかない。本当に、心の底から何でもいい。さらに言えば女性が女性の身体に興味を持たないという前提も、現代の空想にふけるときには何だか鬱陶しい。性別問わず然るべきシチュエーションであればお互いに盛り上がることもあろうが、やっぱり女性器に関する心の傷のことも気になる。そんなわけでアメノウズメの裸体にアマテラスが性的興奮を感じ天岩戸から出た、という説はひとまずおいておく。

あらためて、なぜアメノウズメはアマテラスの前に、さらには他の神々の前に、身体をさらけ出したのだろう。

みんな、アメノウズメの胸を、股間を見て笑った。神たちは全員アメノウズメに釘付けだった。その瞬間、アマテラスを見る者は誰もいなかった。思えばこの世に生を受け、父イザナギに「一番最後に生まれたイケてる子（たち）」と言われて以来、高天原を治めるようになって以来、アマテラスは期待の視線を一身に浴び続けてきた。もちろんアマテラスは責任をもって応えた。スサノオが荒ぶって訪ねてきたときだって、国を守るために武装して対峙した。アマテラスがスサノオの蛮行について寛容さを示すシーンでは、彼女のかばうような言い方から、誰かが「アイツどうする？」と聞いた様子が思い浮かぶ。アイツどうします？　めっちゃチョケってるっすよ。何とかしてくださいよ。ここは一発、チャチャッと懲《こ》らしめてやってくださいよ。

アマテラスが引きこもった理由について、『古事記』には「見畏《みかしこみ》」という言葉が書かれている。この「見畏」というワードは、「スサノオを恐れて」「怖くなって」「いたたまれなくなって」「怒って」「恐縮して」など、さまざまな解釈に基づいた現代語訳がなされている。私は古文がとても苦手なのだが、「スサノオを恐れて」という解釈には何となく疑問を感じてしまう。最初に武装して追い返そうとしていたのだから、少なくとも力関係は拮抗、または少なからず勝利の可能性があった。それに、スサノオに悪気がないことが神託で示されているが、悪気がなければ何をしても許されるという道理はない。人が一人死んでいる。明らかにキレて然るべき案件だ。アマテラスにはきっと、その力があった。

しかし、自分が身内をかばったせいで誰かが傷つけられたとき、そんな元気が出てくるかどうかわからないな、とも思う。スサノオに罰を与えても、亡くなった女性は戻ってこない。元気を出したって、前向きになったって、仕事に励んだって、もうどうしようもないことはある。自分の判断のせいで誰かが死んでしまった、と彼女が自分を責めていたとしたら、正直、そっとしておいてあげてほしい。

それでもアマテラスが天岩戸に閉じこもったとき、みんなはとにかく彼女を外に出そうとした。世界が暗いと困るからだ。もしもアマテラスにアマ（天）をテラス（照らす）力がなければ、誰も親身になって「外へ出ておいで」と言わなかった可能性もある。そもそも、他の神々がスサノオを叱ってもよかったのではないか。最後に相談して罰を与えているのだから、神々だってスサノオに一ミリも歯が立たないというわけではなさそうだ。それでもみんなはアマテラスに、元気よく世界を照らしてくれることを、スサノオを何とかしてくれることを期待していた。期待して、見つめていた。見つめた身体の中で彼女がどう感じているかはあまり興味がなかった。視線は天岩戸に集まる。岩がかろうじて視線を遮っていた。

ただ一人、アメノウズメだけが「見る」行為でなく「見せる」行為をしたのではないか、と私は思う。参謀はオモイカネだが、服を脱ぎ、文字通り腹を見せたのは彼女だ。「なんか大変そうやな、知らんけど」「はよ出てきたらいいのにな、知らんけど」というムードの中、彼女だけが自分の身体を差し出して行動した。アメノウズメは「見られる」役目を一身に引き受け、アマテラスを視線から解放したのではないか。アマテラスはそれを見て「私が隠れているから暗いのに、なぜみんな楽しそうなのか」とたずねた。アメノウズメはさらに言う。

「あなたより尊い神がいる」

つらい目にあっているのに誰も助けてくれない。やりきれなくなって身を隠したら、自分の機能性だけを目当てに「とりあえず出て来て」と言われてしまう。もしも自分しか責任を果たすことができる者がいなければ、それはきっと相当なプレッシャーを感じる場面だろう。このプレゼン資料を明日の朝までに自分が作らなければ。この商談を自分がまとめなければ。この家族を自分が養わなければ。この赤ん坊を自分が生かさなければ。この世界を自分が守らなければ。さもなくば破滅が待っている。私の働きを、みんな望んでいる。みんな期待の目で自分を見ている。その視線がアメノウズメの裸体によって逸《そ》らされ、その責任が「あなたよりも尊い存在が現れた」という言葉で分散された。それは一見ひどい侮辱のように思えるが、ほんとうは一番優しい言葉になり得る。あなたの代わりになれる人がいる、だからもう一身にその責任を負う必要はない、と彼女は言ったのかもしれなかった。

我に返ったアマテラスの前に掲げられたものは鏡だった。そこに映る像が目に入ったとき、アマテラスは久しぶりに、周囲の視線ではなく自分で自分を見た。アマテラスを見る視線がアマテラスだけのものになったとき、彼女は再起した。

＊

太陽とは、銀河系の恒星である。性別はない。地球を明るく照らし、いい感じに過ごしやすく、気持ちいい季節なんかも作って、食べ物にも困らないようにしてあげよう——などという気持ちを、太陽は微塵も持ち合わせていない。その位置が少し動くだけで、温度が少し熱くなるだけで、私たちは生きていけなくなる。それが太陽だ。

天を照らす大いなる神。彼女は今日も眩しすぎるほど、勝手に光り輝いている。その目にはアメノウズメの白い腹が、くっきりと焼きついている。

BACK STAGE 3　性格の不一致

IV
抵抗する女の子たち

case study 13
意思とヤバい女の子——松浦佐用姫《まつらさよひめ》

静かになったから、暴れるのをやめたから、気が済んだと思った？　残念でした。私は今もずっと、ずーっと怒り続けているんだよ。今までもこれからも、ずっとこの場所で。

佐賀県唐津《からつ》市。今から一五〇〇年前、この土地に一人の男性が立ち寄った。彼は大伴狭手彦《おおとものさでひこ》という名で、新羅《しらぎ》（朝鮮半島にあった国）との戦いへ出征する道中だった。松浦佐用姫《まつらさよひめ》という地元の長者の娘が狭手彦の世話をすることになった。あれこれと面倒を見るうち二人は仲良くなり、恋が生まれるまで時間はかからなかった。しかし幸福な結末にはなりようがない。狭手彦は朝鮮半島へ向けて旅立たなければならないと決まっている。彼はそのためにここへ来たのだ。

二人は出立の日ができるだけ延びるように、何なら取りやめになるようにと祈り続けたが、願いもむなしく、ついにその日はやって来てしまった。浜につけた

船に物資が運び込まれている。大勢の人が行き交う。その中に恋しい男の姿がある。今こんなに近くにいるのに、これから確実にこの男は旅立ってしまう。多分、もう会えない。もう二度と会えない。最後に恋人の手を握り、そして離すと、嘘みたいに遠ざかっていった。

佐用姫は鏡山《かがみやま》の頂上で領巾《ひれ》を振り、沖へ進む船を見送る。あんなに小さい船の中に狭手彦がいるなんて信じられなかった。もしかしたら、船には乗っていないのかもしれない。……そうだ、実は彼は浜にいて、今朝と同じように触れられるんだ。彼女は突然走り出した。浜へ、浜へ行かなくては。今ならまだ間に合う。松浦川を北へ下り、呼子《よぶこ》の町まで全力で走った。二十キロほど走ってようやく辿り着いたとき、船はどこにも見えなくなっていた。

呼子の浜の向かいに、加部《かべ》という島がある。佐用姫はふらふらと加部島へ渡り、七日間ずっと泣き続け、そのまま石になってしまった。

「松浦佐用姫」は「羽衣伝説」「浦島太郎」と並び日本三大悲恋と呼ばれている。天女が羽衣を盗まれ軟禁される「羽衣伝説」、海底の城で謎の女にもてなされる「浦島太郎」と比べると、「松浦佐用姫」はかなり静かな物語だ。ファンタジー然とした出自もなければ、ロマンスが生まれる過程のドラマティックな描写も少ない。佐用姫と狭手彦の間には激しい恨みも憎しみもなく、別離は二人の関与できないスケジュールで淡々ともたらされる。珍奇とも言って差し支えないような設定がバンバン出てくる昔話の世界の中で、やけにリアルな筋書きがかえって異彩を放っている。

——大学院で彼氏ができたけど、私がアメリカの研究機関へ行くことになって泣く泣く別れた。

——新卒で入社した会社で運命の人と出会えたけど、相手が急に海外プラント建設のプロジェクトメンバーに選ばれて、どうしようもなかった。

——留学生と付き合ってたけど卒業して母国に帰っちゃった。

現代のリアルに置き換えるとすればこんな感じだろうか。物理的な距離だけでなく、政治的な障害、肉体的な永訣、文化的な隔たりが私たちの運命を決めてしまうこともあるだろう。好きな人ができて、付き合うことになり、今でもすごく好きなのに、自分たちにはどうすることもできない理由で別離する。それは誰の身に起こっても等しく悲しい。

佐用姫はなぜ「石」になったのだろう。

「石になる」というアクションは何だかとても受動的で、無抵抗で、無気力に見える。別れを受け入れることができず、ただ心を閉ざす。恋人を連れて行ってしまう船を破壊するでもなく、無理やり旅に参加するでもなく、ただその場に留《とど》まっている。悲しみ泣き続けることに疲れ、ただひんやりと横たわっている。じっと動かない石の特性からそんなイメージが思い浮かんでしまう。しかし、石はほんとうにパッシヴな存在だろうか。大抵の人間は、石で殴れば気絶するのではないか。

佐用姫の物語は人々にインスピレーションを与え、「万葉集」をはじめ多くの作品のモチーフになった。世阿弥《ぜあみ》もこの伝説をベースに謡曲を書いた。世阿弥の作った能『松浦佐用姫』には、「石にならない佐用姫」が登場する。この佐用姫は狭手彦の形見の鏡を抱いて海に身投げしたという設定で、幽霊になって旅の僧のもとに現れ、失われた恋人への執心を語る。僧侶に悲しみをシェアし、シナリオをどんどん前に進める。

彼女は世阿弥の意図した通りに行動してくれるし、世界観に協力することにやぶさかでない。

一方、石になる方の佐用姫はまったく協力する気がない。物語の持つ妙なリアリティは、「佐用姫が石になる」というラストシーンでめちゃくちゃに崩壊する。具体的な地名・キャラクター設定・歴史背景によって入念に作り込まれたムードがたった一つの「石」によって破綻する。それまでのトーン&マナーを無視して、突然「石になる」というフィクションを現実世界に持ち込むことで、彼女は物語を瓦解させた。

私は、石になること、石でい続けることは、佐用姫の「世界に対する抵抗」なのではないかと思う。「狭手彦が朝鮮半島に行って高確率で死ななければならない世界」への、「船に乗り込んでどこまでも一緒に行けない世界」への、静かなる抵抗なのではないか。彼女は打ちひしがれていたのではなく、静かに怒っていたのではないか。

「石になれたらいいのに」と思うことは多分、私たちにも時々ある。石は人間より硬い。石は世界に翻弄されない。石は死なない。盤石な思い出は風化しない。石になれば、今のまま、悲しいままでいられる。人魚姫みたいに泡になって消えてなんかやらない。世阿弥版佐用姫みたいに他の登場人物とコミュニケーションなんてとってやらない。胸のうちを話してメロドラマを作ってなんかやらない。使い勝手の悪いキャラクターになって、そしてそれでも退場してやらない。

私の大切な人を奪ったこの世界に、しこりとなって私はずっと存在し続けてやる。

石にならない佐用姫は、もう一人いる。

奈良時代に編纂された「肥前風土記《ひぜんふどき》」に、松浦佐用姫と同一人物だと考えられている弟日姫子《おとひひめこ》という女の子が登場する。弟日姫子の物語は松浦佐用姫とほぼ同じだが、ラストが決定的に違う。

狭手彦の船を見送ってから五日経った夜、泣き暮らす弟日姫子を見知らぬ男が訪ねてきた。男の顔は狭手彦にとてもよく似ている。夜通し弟日姫子に寄り添い、朝になると帰っていく。正体不明の、だけど愛しい面影の男。彼女はこっそり男の服に麻糸をくくりつけ、それを辿って後をつけた。糸は弟日姫子が狭手彦を見送った鏡山までのびていく。山頂の沼のほとりに男は立っていた。ただしその顔は狭手彦ではなく、大きな蛇だった。顔が蛇で、身体は人間なのだ。

「一晩俺と寝ればお前を家に帰してやろう」

お供していた侍女は震えながら山を駆け下り、弟日姫子の家族に知らせた。家の者が沼へ辿り着いた時にはもう彼女の姿はなく、恐ろしい蛇もどこかへ消え失せ、ただ沼の底に人間の骨が沈んでいた。村の人々はその骨を弟日姫子だと思い、鏡山に彼女の墓を作り、その魂を慰めた。

……蛇、マジで最悪では？　たとえばこれが自分の友達の身に起きたことなら——友人の生涯をかけた恋が終わったあと、突然現れた誰かがその悲しみに付け込んで何もかもを踏み躙《にじ》っていったのなら——絶対に許さない。「肥前風土記」の弟日姫子は、佐用姫のように七日間泣き続けることもできなかった。幸福になることも、悲しみ続けることも、怒り続けることも、彼女はできなかった。

沼に残された骨が蛇のものであればいいと私は願わずにいられない。悲しみの最中にくだらない理由で声をかけられ、めちゃくちゃにキレた弟日姫子が蛇を返り討ちにした痕跡であればいい。だって骨の正体は最後まで明らかにされていないし、蛇の身体は人間だったではないか。

あるいは、案外蛇を気に入った弟日姫子が肉体を脱ぎ捨て、人ならざる者になった痕跡であってもいい。骨は彼女の脱皮の跡で、新しい彼氏と楽しく暮らしているのなら祝福したい。未来永劫怒りと悲しみを貫き通すことも、新しいよろこびを手に入れることも、彼女が自分で選んだ結末であれば心から愛しい。

骨を残して消えてしまった佐用姫の真相がどうか幸福なものでありますようにと願ってから、もう一度石になった佐用姫を思うと、言いようのない心強さが湧き上がってくる。確かに、あなたがここにいる！　悲しみを抱えたあなたが、怒りにまだ震えているあなたが、それでもここにいてくれる。耳障りのいい慰めではなく、嘘みたいに平和な愛想笑いではなく、とても無視できない巨大な違和感として生きている。心強いなどと感じるのはきっとあまりにも傲慢だけど、とにかく私はそれがうれしいのだ。

＊

現在も、佐賀県のあらゆるところに佐用姫の痕跡がある。頂上で領巾を振ったという鏡山は「領巾《ひれ》振山《ふりやま》」と呼ばれている。狭手彦の名前を呼んだことが呼子の地名の由来になったという説もある。加部島の神社には、かつて佐用姫だったとされる石が今も祀られている。

一九九六年、木星の近くで小惑星が発見された。発見者・佐藤直人氏の働きかけで唐津市が命名することになったこの小惑星は、公募によって「佐用姫（32990 Sayo-hime）」と名付けられた。

もう誰にも邪魔されない宇宙空間の中、彼女は今も静かに抵抗し続けている。

もういいじゃん。変わらないなんて無理だよ。全部流れていくんだから。受け入れた方が楽なんだから。それでもやっぱり明け渡せないものが、どうしても譲れないものがある。

case study 14

新生活とヤバい女の子——絵《え》姿女房《すがたにょうぼう》

一枚の絵があった。女の絵だ。少しはにかんで、目とくちびるの端に微笑をたたえた女。

この絵は彼女の夫のために描かれた。結婚してからというもの、妻のうつくしさに目を奪われ、二十四時間見とれて仕事が手につかない男のために、妻が描かせたのである。男はようやく畑仕事に出たが、少し耕すたびに手を止めて木にくりつけた妻の似顔絵を眺めるので、いっこうに進まない。そこへ突然強い風が巻き起こり、絵を吹き飛ばしてしまう。

絵はひらひらと城下町の方へ泳いでいき、城の庭へ着地した。偶然お殿さまが拾い上げ、描かれた女性に一目で恋焦がれた。この美女を探して連れてこい、俺の嫁にするぞ。さっそく捜索隊が派遣される。お殿さまの命令に逆らえば、命はない。有無を言わさず連行されながら、彼女は夫にこう言い残した。

「この桃の種を植えて。三年経ったら桃を売りに、城へ来て」

突然最愛のパートナーを奪われた男は泣き暮らしながらも、言われた通りに桃を育てた。今度は休み休みではなく死にものぐるいで土を耕し、水を撒く。三年が経ち、甘い香りを漂わせる果実がまるまると実《みの》った。彼は籠《かご》にたくさんの桃を詰め城へ向かった。

一方その頃、お殿さまは困り果てていた。攫《さら》ってきた女が少しも笑わない。彼女は新しい夫の前に座ったきり、何を言われても「ハア」という顔をしていた。おはようと挨拶してもハア、何か欲しいものはないかと聞いてもハア。あの手この手で機嫌を取ろうとするが失敗続き。連れてくるときは力ずくでよかったが、頬の肉を無理やり持ち上げて笑わせるわけにもいかない。あらゆる権力を手中に収めたお殿さまはやっきになっていた。せっかく気に入った顔を手に入れたのだから、かわいく笑ったところが見たい。

突然、門の外から物売りの声が聞こえてきた。しきりに桃、桃、と叫んでいる。

おいしい桃、すてきな桃。それを聞いた途端、にわかに妻が大きく笑い出した。この三年間、能面のようだった顔が嘘のように、朗らかに笑っている。赤い口角をきゅっと上げ目を細めたその顔はとびきりうつくしかった。お殿さまはさっそく桃売りを城へ呼びつける。

やって来た桃売りの男はいかにも冴えない感じだった。それなのに、男が間延びした節回しで商《あきな》いの歌を披露すると、妻がまたけらけらと笑い出すではないか。お殿さまはうれしがり、自分もやってみたくなって桃売りに歌を教えてもらう。覚えた歌と踊りを披露すると、妻が自分にも少し微笑んだような気がした。もっと笑った顔が見たい。より桃売りに近づくために、着物を交換し、髪型も似せる。そうして再び歌いはじめると、妻はついに大笑いした。おお、これだこれだ。お殿さまは満足感に酔いしれ、城内を練り歩き、商売の真似ごとをする。城で働く人々が楽しそうに見守っている。彼は歌いながら門の外に出た。町を一周し、気分よく城へ戻る。この世で望む最高のものを手に入れた気分だった。しかし城の門は閉まっていた。

「おい、開けろ。俺は城主だぞ。中へ入れろ」

門番が怪訝な顔で駆け寄ってくる。じろじろと眺めた末に、あやしい物売りめ、いつまでもうろついているとひどいぞ、こうしてくれる、と言ってお殿さまを突き飛ばした。お殿さまは今やどこからどう見ても立派な桃売りだった。ぼろを着て桃の籠を背負った男は、追い払われるままに消えていく。二度と彼の姿を見た者はいなかった。

　絵のように微笑む女とお殿さまの着物を着た男は、いつまでも城で幸福に暮らした。


「絵姿女房《えすがたにょうぼう》」に登場する男は二人とも女の顔が好きだった。最初の男が妻の精神を見つめて真実の愛を抱き、第二の男が完全なるぼんくらだったかというと、私はそんなにクリアな判定はできないのではないかと思う。もちろんお殿さまには「立場を利用し強引に連れ去る」という許されない行為があった。しかし、第一の男だけが超真摯！　と褒め称えるにはいささか疑問が残る。平たく言うと、「このコの顔が超好き！」以外の明確な意思を二人の男性から読み取ることができないのである。顔が好き、君の顔が大好き！

　妻の存在を感じていたいのなら、絵はどの部分を描いてもよかった。全身でも手でも足でも、指先でもよかった。肌の色だけを塗ってもいいし、もっと抽象的なアプローチでもいい。肉筆の手紙でもいい。だけどモチーフには顔が選ばれた。彼女は顔というパーツを抽出して記号化され、紙の状態で持ち運ばれ求められた。魂の出口の一つにすぎない「顔」は彼女の唯一の価値であるかのように扱われ、偶像として代役を務めていたにすぎない「絵」は彼女自身であるかのように扱われた。

複数の男性が一人の女性を奪い合い、勝敗は彼女の顔――とりわけ笑顔――が握っているというケースは「絵姿女房」以外にもたくさんある。「うつくしい女性のほほえみ」はしばしば勝利や成功の象徴にされてきた。みんな彼女に笑ってほしがっている。しかし重要なのは笑ったかどうかでも、その笑顔が誰のものかでもなく、彼女が笑えるような心境にあったかどうかだ。絵姿女房が桃売りの声を聞いて漏らした笑みは、ただ彼女のためだけのものだった。

この物語は、絵姿女房が課題に直面し、それらへのソリューションを示すことで展開していく。

（課題一）夫の労働放棄↓自分の絵を用意し働ける環境をつくる
（課題二）お殿さまによる誘拐↓夫に桃のヒントを与え、脱出の布石を打つ

（課題三）お殿さまによる笑顔の要求→笑顔を盾にお殿さまを追い出す

展開はすべて不可逆的である。登場人物たちは変化していき、何ひとつ元に戻らない。お殿さまを追放したところで夫婦は住み慣れた家に戻れない。権力者になった夫は桃売りにも農夫にも戻れない。桃売りになったお殿さまはもう玉座には戻れない。時間がどんどん流れていって、転がりだしたらもう止まらないような、なぜここへ来てしまったのかわからないような、そんな頼りなさが漂う。

取り返しのつかない事態がすべて絵姿女房によって引き起こされたように見えるのは、重要な決断をする人物が彼女以外にいないからだ。女房が自分の絵を描かせ、女房が桃を持ってくるように言い、女房がお殿さまを桃売りに変身させた。不条理に襲い来る外敵と、頼りにならない身内とともに時間の渦に巻き込まれ、彼女はキーマンとならざるを得なかった。

一般人だった夫婦がなんだかんだで城を手に入れた結果だけを捉えて、「お殿さまを失脚させるハニートラップだったのではないか」と言いたがる人もいないとは限らない。女房が最初から自分の意思でフラグを立てていったとすれば、次のような感じだろうか。

女はうつくしかった。彼女は自分の容姿を紙に描き写させ、夫に仕事場へ持っていくよう勧め、木にくくりつけさせた。畑にいつも強い風が吹いていることを彼女は知っていた。なるほど、風は思惑通りに巻き起こり、その姿は城へ届けられ、うまい具合にお殿さまの目にとまる。このうつくしい女を手に入れたいと思ったお殿さまはあらゆる権力を行使し、女は城へ連れてこられた。女の作戦通り、周囲からは無理やり連れてこられたように見えた。

偶然頼みで危険だけが大きいこの方法がハニートラップとして機能するかは心の底からどうでもいいが、とにかく夫は三年経ってやってきた。彼女の言った通り、桃をたくさん抱えて。そこからは漫画みたいにうまくいった。絵姿女房は自分の微笑み、すなわち自分の愛を人質に、お殿さまと桃売りを入れ替えることに成功し、好意を持っている男との生活を取り戻した。〝元〟城主のことを思っても心は少しも痛まなかった。だってそうでしょう、私がこんなキャラだったからよかったけど、嫌々連れてこられても抵抗できない女の子だったら？　その子の一生はめちゃくちゃになるところだったんじゃないの？　もしも彼が私への復讐を誓って城へ帰ってくるなら、来ればいい。お前はお前で抵抗するがいいだろう。
男は二度と帰らなかった。彼女は幸福な一生を送った。

城を追われたお殿さまは、どうなったのだろう。彼は不幸になっただろうか。慣れない暮らしに早々に絶命してしまっただろうか。そうかもしれないし、そうではないかもしれない。彼ったら意外と楽しくやってるかもしれない。突然桃売りの才能に目覚め、大儲けして、城のことなんか忘れて（あるいは復讐に燃えて）新しい恋に落ちたり、落ちなかったりしているかも。それともやっぱり生き延びることができずに失意のうちに果ててしまったかも。いやいや、実はここから物語が始まり、東の果てに住むドラゴンを倒しにいく急展開になるかも。そのどれもが均等に可能性を持ち、均等に不可能性を持っている。それらはすべて私にとっては他人の人生で、彼にとっては自分の物語だ。攫われた女房の人生が、彼にとって他人の物語だったように。

毎日の「暮らし」は、経年は、人格に作用するのだろうか。時間の経過は恐ろしい。お殿さまは、桃売りの着物を着たときにはまだお殿さまのままだった。門番のせいで城の中へは入ることができなかったが、彼は一城の主《あるじ》のままだった。あのとき、変化したのは確かに彼の本質ではなく周囲、ただそれだけだった。確かにあの瞬間には。しかしそのまま彼が生き延びて、桃売りとして生きている時間がとてもとても長くなって、城のことなんか忘れて何十年も暮らしたら、きっともう城主とは呼べない。長い時間が確かな変化をもたらしたら、新しい事実が染み込んでしまう。それは女房にとっても同じである。

三年間＝一〇九五日＝九四六〇万八千秒。それだけの時間、彼女は新しい生活にさらされていた。私の姿はあの日から変わらない。どんな絵を描かれようと、「描かれる」ということが三人称であると知っている限り、絵には私を変える力はない。私の偶像がどう変化しようと、それはただ語り手の視点が入れ替わっただけだ。だけど新しい環境に置かれてみて、元の自分というものが揺らいで、消えてしまったらどうしよう。私の望まない環境が私を変えてしまったらどうしよう。それが私の中に起こった確かな変化だったら、どうしよう。

桃売りがやって来たとき、女房は無視することもできた。細かいことを気にしなければ、彼女はそのまま城で暮らしても別によかった。この場合の「細かいこと」とは、彼女の意思を尊重せず、力ずくで自分のものにしようとする人間との共同生活を指す。一度も笑わなかったとはいえ、一応、三年間トラブルなく過ごせた環境だ。新生活に

自分を適応させ、過去を忘れることもできただろう。しかし彼女は危険を冒してでもお殿さまを追い出すことを選んだ。彼女にとって桃売りを無視し、今の暮らしを続けることは、自分を変えようとしたお殿さまの行動を受け入れ、許し、肯定することに等しかった。変われないものが、譲れないものが、「もう、別にこのままでもいいじゃん」と囁《ささや》き続ける環境と時間を打ち負かした。

＊

春は引越し屋さんが一番忙しい季節だ。いろいろなことが変わっていく。ここを去っていく君、今からどんな風に変わっていったとしても、どうかいつもすこし肌寒く、何を聴いてもアコースティック・ギターの思わせぶりな弾みに聞こえ、飛行機に飛び乗ることができる気持ちではつらつと急《せ》いていますように。いつも駆け出したくなる心持ちで暮らしていますように。それだけはいつも、いつまでも、変わりませんように。

case study 15

下ネタとヤバい女の子――

尻を出した娘（鬼が笑う）

あけすけなセックス談義や、えげつない下ネタは嫌いじゃない。馴染みの呑み屋で友達のびっくりするような体験談を聞いて、私もとっておきの話を披露して、ゲラゲラ笑うのは楽しい。今夜はよく眠れそうだ。

峠を嫁入りの籠《かご》が行く。煌《きら》びやかな籠を取り囲み、人々はおめでたい行列を作ってぞろぞろと歩いていく。と、そこへ突然暗雲が立ち込め、花嫁を攫《さら》っていってしまった。

目の前で子供を誘拐された母親は、娘を探す旅に出る。ある日、歩きまわっているうちにすっかり日が暮れたので、宿を借りようと山中の古いお堂を訪ねた。お堂には尼僧さまが住んでいて、疲れ果てた母親をやさしくもてなす。尼僧さまは娘の居場所を知っているといい、アドバイスをくれた。

娘は川の向こう岸へ連れて行かれ、鬼の妻にされていた。二匹の番犬が橋を守っている。母親は尼僧さまの忠告通り、犬が眠っているあいだに注意深く橋を渡り、ついに囚われの娘を発見した。泣いて再会をよろこぶ母娘だったが、そうのんびりしてはいられない。もうすぐ出かけていた鬼が帰ってくる時間だ。娘は母に急いで夕飯を食べさせ、櫃《ひつ》の中に入らせる。櫃を閉じるのとほぼ同時に鬼が家の扉を開けた。

「おい、何だか人間臭いぞ。それに、家の中にいる人間の数だけ咲く庭の花が一つ増えている。誰か来ただろう」

恐ろしい形相で問い詰める。絶対に見つかってはならない。娘は嘘をついた。

「私が子供を身ごもったから、花が増えたのだろう」

すっかり騙されて大喜びした鬼は、家来を集めて宴会を開き、興奮のあまり自ら橋の番犬を殺す。宴は深夜まで続き、いつしか鬼たちは酔っ払って寝息を立てはじめた。今がチャンスだ。母娘は一目散に逃げ出した。そこへ山で助けてくれた尼僧さまが現れ、橋を渡らずに舟で逃げろと助言する。舟を漕ぎ出すと同時に、目を覚まし異変に気づいた鬼の怒鳴り声が響き渡った。追いかけてきた鬼たちはいっせいに川の水を飲みはじめる。水かさがどんどん減り、みるみるうちに母娘と尼僧さまの乗った舟は鬼の待ち構える岸へ吸い寄せられていく。このままでは

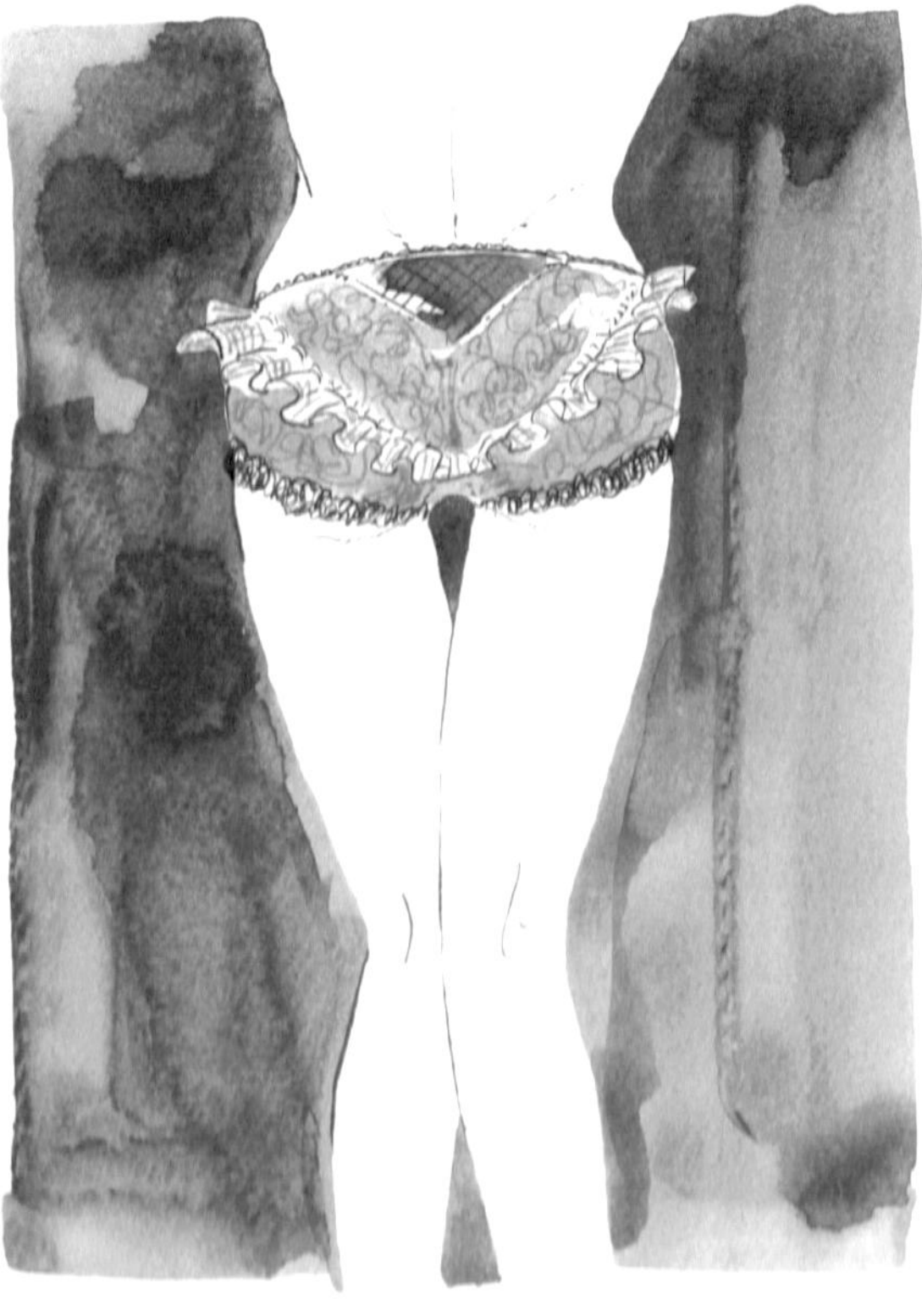

捕まって殺される。万事休すと思ったとき、尼僧さまが言った。

「あなたたち、着物をまくって、大事なところを見せてやりなさい」

三人は勢いよく着物をはだけさせ、鬼に尻を向けた。

しばしの沈黙。

次の瞬間、鬼たちは噴き出し、げらげらと笑い転げた。笑った拍子に口から水が漏れ、川の水位が戻っていく。こうして母娘は安全な岸まで辿り着くことができた。

二人を導いた尼僧さまは実は石の塔の化身で、毎年一本ずつ新しい石塔を建ててほしいと告げ、姿を消した。それ以来、母娘は欠かさず石塔を建て祈り、元のように穏やかに暮したという。


……なぜ、尻を出すんだ。この物語を読んでそう思わなかった人はいないと思う。追われている最中に逃走を一時中止してまで尻を出すのは、ちょっとリスキーなんじゃないか。たまたまうまく逃げられたからよかったものの、何の効き目もなかったら、尻を出したまま捕まっていたかもしれない。それはちょっと嫌だ。あまりにも意味がわからないので、私は記憶の中の「尻（や性器）を出して見せた」人たちをできるだけ思い出すことにした。

昔話には、エマージェンシーに瀕して尻（や性器）を露出する女性の物語が多くある。日本神話に登場するアメノウズメは、アマテラスオオミカミが天岩戸に引きこもって世界中が暗闇に覆われたとき、乳房と下半身を見せて踊ることで周囲の神々を笑わせ、騒ぎに乗じて天岩戸を開けさせた。

沖縄の民話「鬼餅《ムーチー》」では、鬼になり果てて村を襲おうとする兄に、妹が着物の裾を持ち上げて性器を見せる。兄が驚いて「妹よ、その髭の生えている口はいったい何だ？」と聞くと、妹は「鬼を噛み殺す口だ」と答える。怯んだ兄を崖から突き落とし、妹は村に平和を取り戻す。

またノンフィクション部門では、二〇一五・一六年秋冬パリ・メンズコレクションで発表されたリック・オウエンスのルックが記憶に新しい。FASHION PRESSが「軍事潜水艦を舞台としたフランスの白黒映画が（リック氏の）インスピレーションの源。深海という極度のプレッシャーに囲まれた状況で、理性を保とうとする様子が、今回のテーマCOMPRESSION（圧縮）に繋がったのかもしれない」と形容したこのコレクションでは、鼠蹊部《そけいぶ》（足の付け根部分）に穴を開けた洋服がたびたび登場する。

モデルの男性たちがランウェイを歩くたび、洋服の穴から性器がちらちら見える。YouTubeでは「えっ今の何⁉ 何か見えなかった⁉」と動揺するフロントロウの様子が流れ、SNSでは股間にモザイクをかけた写真が面白おかしく出回り、リック・オウエンスをもじって「ディック・オウエンス」と称するギャグが散見された。

彼らはみんな、尻や性器が普段は隠されていることを逆手に取り、意外さをもって人を引きつけるために露出している。では、迫り来る鬼に向かって、母と娘は何のために尻を出したのだろう。たぶん生きるためだ。鬼から逃げ切って平和な生活に戻るためなら、何だってやってやる。尻は彼女たちを生へ連れ戻すたった一つの希望だった。

ところで、鬼が爆笑したということは、この物語の中で「尻を出す」行為はギャグとして成立しているということだ。ギャグだと思ってもう一度読み返すと、このノリにはどうにも既視感がある。「コロコロコミック」や「コミックボンボン」的笑い、「クレヨンしんちゃん」的笑い、いわゆる下ネタである。

下ネタはどうして「面白い」のだろう。下ネタの「下」は下半身の「下」だ。「排泄に関係するもの」、「性に関係するもの」、尻、まんこ、ちんこ、おしっこ、うんこ、おなら、セックス、その他諸々、とにかく生殖器・排泄器を取り巻く四方山話たち。

　下ネタには実に多くの要素が詰まっている。幼少期からタブー視されてきたテーマをあけっぴろげに扱う開放感。愛嬌たっぷりに腹を見せ合い、間抜けさや丸腰っぽさ、情けなさを共有する連帯感。禁止されながら許容されるスリル。語感と勢い。自分の身に置き換えて想像できる汎用性。女・男・人間・動物などのビッグな主語に乗っかって無名になれる気楽さ。個人の経験を語るカタルシス。深刻なテーマから最も離れているかのような安らぎ。遊び尽くせない深淵を覗く高揚感。プリミティブなトーン&マナーに揃えられた言葉選びによってもたらされる、世界のどぎつい真理に触れているまんざらでもなさ。あらゆる興奮とリラックス。

　それらが複雑に作用し合い、下ネタの「鮮度」をはじけさせる。鮮度のあるものはいつも話し手と聞き手にテンポを要求する。テンポが乱れたり、チューニングがずれたりすると腐ってしまうという暗黙の圧力が、スベることへの恐怖と、笑いが成立した時の類まれな幸福感を生む。「面白さ」を楽しむためには全員の協力が必要不可欠だ。だから下ネタが交わされるとき、居合わせた人にはいつも特定の民間的作法が期待される。

念のため断っておくと、下ネタそのものが悪だと言いたいわけではない。愛すべき下ネタ・トークは、決してくだらない主題ではないし、それに、生きているうちに味わいきれないほどたくさんある。下ネタを語り合うことは、好みに合えば結構楽しい。自由参加が尊重され、全員が民間的作法を心から楽しめて、正解のリアクションを強要されることさえなければ。

正解を強要されることはジャンルを問わず地獄だが、下ネタの場合は「つまんないダジャレに愛想笑いさせられてキツかった」というタイプの地獄とは異なる苦痛が発生する。性を伴うテーマに引っ張られているのか、聞き手の性別によって求められる正解がしばしば変わる。たとえば、女性は下ネタに寛容でいてほしい。場が盛り下がるから、嫌がりすぎないでほしい。でも率先して乗ってくると引いてしまうから適度に恥じらってほしい。男性ならグイグイ参加してほしい。スカしてないで、どんどん発言してほしい。興味ないなんて言語道断――この現代社会でそんなアホなと思う気持ちはもっともだが、こういった要求はわざわざサンプルを集めに行かなくても案外身近に転がっている。

笑う人と笑われる人がいるとき、両者のパワーバランスは常に笑いの仕組みに則《のっと》っているのだろうか。すなわち、笑う側が楽しんでジャッジする強い存在で、笑われる側が甘んじてそれを受け入れるしかない弱い立場なのだろうか。鬼たちは母娘を殺すつもりで追いかけてきた。恐ろしい声が響き、怒気が立ち込めていた。しかしそこになった。「笑う」という間の抜けた行為が挟まったことによって、怒りの空気は台無しになった。強大だった鬼は人間のように親近感の湧く存在に変えられ、攻撃性を失い、どこかユーモラスな雰囲気さえ纏《まと》わされる。笑ってしまった瞬間、笑わされてしまった瞬間、鬼はコントロールする側からされる側に変わった。

ついさっき「下ネタに対する正解のリアクションを強要する」ことの害悪について書いたところだが、もしも鬼たちが、ほんとうは辟易しながら笑いを強要されていたら……と考えて溜飲が下がってしまうことを許してほしい。この物語は、「望まない状況で身体を露出せざるを得なかった三人の女性と、それを笑う者」という構造にもなっている。助かったんだからいいじゃん、機嫌よく笑わせておいて、転がす方が賢いじゃん。大人なんだから。減るもんじゃないんだから。そんな風に命からがら助かった母娘に声をかけるくらいなら、私は彼女たちが鬼に笑いのカウンターパンチを食らわせた可能性を信じたい。

母娘が尻を露出したとき、実を言うと鬼はシラけていた。突然尻を見せられても何ひとつ面白くなかった。だけど母娘があまりにも自信満々にギャグが決まったような顔をしていたので、「いや、ここ笑うとこでしょ」「笑顔の一つくらい作れないと、社会人としてやっていけないよ？」「おかしくもないのに笑えません」って、世界のミフネ気取ってんの？」という空気が鬼たちを取り囲み、マジレスを許さなかった。仕方なく、彼らは笑いながら水を吐き続けた。彼女たちが見えなくなるまで、吐き続けるしかなかった。こんな真相を信じたい。

＊

「来年のことを言うと鬼が笑う」という。このことわざの由来には諸説あるが、「短い命なのにずっと先のことを心配する人間を滑稽に思って笑う」というものが有名だ。来年の話をすることと尻を出すことの共通点は、「突拍子のなさ」だろう。今年は二〇一九年。ことわざに従うなら、二〇二〇年の話をすると鬼が笑うかもしれない。だけどこれからのことを話さずにいられるだろうか。侮蔑を表す「尻を叩く」ジェスチャーや「キス・マイ・アスホール」というスラングがあるけれど、尻を見せて怒らせることよりも、尻を出して笑わせ、生き延びることの方がずっと難しい。

母娘はまた新しい石塔を建てる。私たちの新しいスケジュール帳はぴかぴかと輝い

ている。ここに素晴らしい予定をびっしり書き込むためなら、どんな風に笑われても
いいよ。真顔でバラエティ番組を見ながら、無垢な魂で来年の計画を立てよう。

case study 16

男とヤバい女の子 —— 姫君（とりかへばや物語）

まるでずっと前から決まっていたみたいに、ぴったりとくる君。君と一緒にいるとドーパミンはドパドパ（ダジャレだよ）出てくるし、何でもできるような気分になれる。君もそうだと言ってくれている。「本当の」「普通の」「正しい」関係じゃなくても、君が好きだよ。

「ああ、取り替えたい！」

権大納言《ごんだいなごん》は嘆いていた。彼の二人の妻は、それぞれ男児と女児を生んだ。顔は似ているが性格は正反対で、若君は雛遊びや貝覆《かいおお》いを好み、女の着物を着る。姫君は鞠や弓、漢詩や笛を好み、男の着物を着る。両親たちは戸惑いながらも「大きくなったら自然に「治る」だろう」と、そっとしておいた。

娘と息子はそのまま成長し、誰もが若君を姫君、姫君を若君だと思い込んでいた。権大納言は泣くほど悩んでいたが、帝《みかど》と東宮《とうぐう》（皇太子）に「才能豊かだと噂の息子（姫君）を出仕させなさい」と言われて断りきれず、仕方なく姫君を息子として、若君を娘として成人させた。

姫君は宮中でイケメンとしてモテモテになり、帝と東宮にも評価される。ただ、自分のように男のふりをして働いている女の子が一人もいないことは少なからずショックだった。姫君がモテると、芋づる式に家にこもっている妹（若君）もモテる。特に姫君の同僚・式部卿《しきぶきょう》の宮の中将は好色で、やたら若君にアプローチしたがった。

やがて帝は退位して院になり、その弟の東宮が新しい帝になった。院の一人娘が新しく女東宮に就く。姫君は権中納言に、式部卿の宮の中将は宰相中将に出世した。さらに姫君は父の兄である右大臣の末娘・四の君と結婚する。慈《いつく》しみあう夫婦だったが、四の君は「夫」がまったくセックスをしようとしないこと、毎月必ず数日間引きこもることを不思議に思った。

その頃、若君は女のふりをして女東宮の尚侍《ないしのかみ》として働いていた。ある夜、二人は良いムードになってベッドインする。女東宮は尚侍が男だったことに驚くが、好きなので付き合うことにした。

何も知らない宰相中将はまだ尚侍を狙っていた。が、かねてから好きだった四

の君を偶然見かけ、衝動的に手籠《てご》めにし、妊娠させる。姫君は愛する妻の懐妊を知り傷つくが、自分は「本当の契り」ができない夫なのだと思うと不貞を責められなかった。

悲しんだ姫君は吉野に住む隠者に相談に行く。彼は先帝の三男で、中国への留学経験があり、やはり中国の血を引く娘二人と隠遁生活を送っていた。隠者は姫君にアドバイスし、娘たちの後見を頼む。姫君は吉野の姉妹のうち姉姫と懇意になり、都へ戻ってからもたびたび交流した。

四の君はぶじ出産したが、妊娠させた張本人・宰相中将は再び尚侍に気移りし、しかも夜這いしてフラれていた。傷心の宰相中将だったが、今度は自分をフった「彼女」の「兄」、つまり姫君に恋慕するようになる。またしても衝動的に姫君を押し倒し、無理やりセックスする。そこで初めて長年の同僚が女だったことに気づき驚くが、かえって恋心を煮立たせる。姫君は秘密を知られてしまったと思い悩み、さらに自分が宰相中将との子を身ごもっていることが発覚してますます取り乱す。それを尻目に宰相中将はまた四の君のところへ通い、第二子を妊娠させる。彼は完全に浮かれていた。

妊娠した姫君は、春の桜の宴を男としての最後の仕事に決める。宴では誰もが「彼」に見惚れ、父親も（もう悩むのはやめよう）と悟った。新しい人事で姫君は権中納言から右大将に、宰相中将は新しく権中納言に昇進した。めでたさの絶頂の中、右大将となった姫君は姿を消した。

姫君は宇治《うじ》にいた。しぶしぶながら、出産まで権中納言の別荘に潜伏する予定だ。上機嫌の権中納言は落ち込む姫君に化粧をほどこし「これが普通なんだよ」と慰めた。

都では「右大将の失踪は、四の君と権中納言の浮気が原因だ」という噂が流れていた。怒り狂った父・右大臣に勘当された四の君は仕方なく権中納言を頼る。宇治にいる姫君と、都にいる四の君を交互に訪ねる生活に疲れた権中納言は「いっそ二人とも俺の屋敷に住めばよくない？」と提案したが、姫君はそんな形でかつての妻と夫が再会するなんて狂気だと思った。それでなくとも四の君に嫉妬することだけは避けたいのに。姫君が男児を出産すると権中納言は安心し、今度はまた四の君ばかり気にかける。宮中で自由に活躍していた頃と似ても似つかない、男を頼るしかない生活は姫君を苦しめる。

消えたきょうだいを探すため、若君は男の姿になることを決意していた。女の姿をした姫君と、男の姿をした若君は宇治で再会する。その夜、きょうだいの父親は「実は天狗があなたの子供の性質を変えていたのだ。もうすぐ災いが去って、子供たちに栄華があるだろう」と告げられる夢を見る。夢の通りに帰ってきた二人は入れ替わり、若君は右大将として、姫君は尚侍として宮中に戻った。生まれたばかりの子を残して去るのはつらかったが、姫君は自分の人生を選んだ。

一方、四の君が病気であることを知った右大臣は勘当を解いて娘と孫を実家に呼び戻す。二人の女が去ったあと、権中納言は一人途方に暮れていた。

姫君は復帰した宮中で尚侍として働いているところを帝に見初《みそ》められ、寵愛を受けて男児を出産する。おめでたいニュースに誰もがよろこんだが、姫君は宇治に置き去りにした息子を思い出して泣いた。帝はかつての部下が自分の妻だとは気づかなかったが、権中納言とのことは何となく察し、同情した。

その後、女東宮は若君との子供を妊娠し、生まれた子を若君の実家に預け、病気療養のため退位し女院となった。若君は吉野の姉姫と四の君を妻として自分の屋敷へ迎える。権中納言は吉野の妹姫と結婚し、姫君の残した息子を育てた。最後まで何ひとつわからないままの権中納言は吉野の妹姫に「あなたなら何か知っているでしょう」とたずねるが、彼女は「知ったからってどうしようもないことっていうのはありますから」と言うばかりだった。

……ストーリーがとても込み入っているので、あらすじをかなり簡略化した。どれだけ省略しても浮かび上がってくるのが、宰相中将（途中で役職が変わるが、ややこしいので宰相中将に統一する）への不信感だ。本文で散々語られているし、枚挙にいとまがなさすぎるので彼のクズっぷりについては割愛するが、一つ気になることがある。

宰相中将は何かにつけ「普通」を持ち出す。姫君と四の君がセックスレスだと知ったときも姫君に「普通ではない［さま異なりける］聖心《みこころ》」があるからだろうと納得するし、宇治で姫君に女装と化粧をほどこすときにも「これが普通なんだよ［世の常のことなれ］」。いくら素晴らしくたって、自分を偽って生きていくなんてことはするべきではないんだ［あるべきことならず］」。嫌だと思っても、こうするのが普通なんだ［例のことなれ］」と諭《さと》そうとする。彼自身も「普通」にからめとられている。「普通の人よりは優れている（が、姫君の型破りな素晴らしさには及ばない）」とか「（普通の男のような分別のない振る舞いをしない姫君と対比して）とても好色な性質」と紹介されるとき、彼はどこまでもこの時代のセオリーに従う、ステレオタイプな男性像を背負わされている。

いっぽう、姫君はいつも自分が「普通でない［人にたがひける］」ことに悩んでいる。「本当の契り」ができないことを後ろめたく思い、「変だと思われただろう」と気に病み、「こんなことなら人並みにしていればよかった」と後悔する。だけど彼女は、最初から悩んでいたわけではなかった。彼女の苦悩は「自分と同じ境遇の人はいない」と気づいた日から始まる。それまでは自分がイレギュラーかどうかなんて考えたこともなかったのに。

私はファッション誌で「女らしい」という言葉を見るのが嫌いだ。「女らしい」は近しい表現であるはずの「女っぽい」とは似て非なる言葉である。「っぽい」はみんなに通じるコモンセンスが存在する前提ではあるが、そのイメージを参考資料として引用しているにすぎない。対して、「らしい」には「褒め」がある。皆に通じるコモンセンスに従い、「っぽく」振る舞うことこそが「自然で／普通で／ベスト！」という、「らしく」振る舞えた者を褒めようとする見えないゴールがある。女っぽくはしなくてもいいが、女らしくはしないとだめだったような気がしてくる。

「とりかへばや」できょうだいは「自然」に育つにつれ、「自然」に好みの精度を高めていく。それが当時の風習に照らし合わせるといわゆる「女（が多くすると言われている）っぽい」「男（が多くすると言われている）っぽい」こととは真逆だった。きょうだいにとって自然で普通だったものは、世間一般では自然で普通ではなかったのだ。

二人の思想や行動は、物語の中盤で「天狗のしわざだった」と説明される。姫君が「女らしくできない」のは、若君が「男らしくできない」のは、人ならざる悪いものが原因だったというのだ。心の赴くままに暮らしていたらいつしか生きづらくなっていた人に、ある日突然「お前が生きづらいのは天狗のしわざでした。よかったね、自分のせいじゃなくて！　呪いが解けたら普通に戻れるよ！」と告げたとき、その人が感じるのは安堵なのだろうか。私が私であるということだけで、私は祝福されないのだろうか。私があのときに見たものは、好いたものは、愛したものは、指を指《さ》され詰《なじ》られるほど悪かったのだろうか？

宇治で再会した姫君と若君を比べると、姫君は男の都合で女に変えられ、若君は自分の意思で男に変身したようにも見えるが、案外きょうだいは二人を取り囲む世界によって変化させられているのかもしれない。彼女自身／彼自身が望んだかのように描かれるすべての選択の周辺には「Aを叶えたいのなら、Bをクリアしなければならない」という制約が敷き詰められている。

馬や笛（貝合わせや琴）が好きなら、男（女）として暮らさなければならない。男（女）として暮らしたいのなら、外に出て働かなければ（家にこもって顔を隠さなければ）ならない。夫婦になりたければセックスしなければならない。出産したければ男であることと仕事を捨てなければならない。外に出て自由に動きまわりたければ、女であることを捨てなければならない。死にたくなければ夫を頼るしかない。夫から解放されたければ子供を捨てていくしかない。

この物語が書かれたとされる平安時代末期から千年近く経っているとはいえ、「自由意思でAを選んだんだから、自己責任でBをクリアしてね」という「一見フェアなトレードっぽい理不尽な交換条件」は今も私たちを取り囲んでいる。そしてAのために果たさなければならない課題がBなのか、Cなのか、Dなのかは、しばしば性別によって割り振られる。女／男の単純な二分化は、生殖のシステムという巨大な後ろ盾に守られた、最も思考停止しやすい分類だ。

「とりかえたい、とりかえたい」と嘆くきょうだいの父親は実のところ二人を力ずくでは「とりかえない」。姫君の身体を変化させ、衣装を着替えさせた宰相中将に比べると、父親は苦悩しつつも子供たちを受け止めようとしている。それは単純に彼が善良な人間だからかもしれないし、反対に打算的だからかもしれない。社会の「普通」におもねるために敢えて社会の「普通」を破らせたようにも思える。とにかく父親は受け入れ、悩み、受け入れた。

女東宮や宰相中将は、好いた相手の生物学的性別に驚きつつ関係を続けようとした。蓋を開けてみたら「女×男」だっただけで、彼らの恋心は「女×女」「男×男」のつもりで募っていく。また、姫君は吉野の姉妹の御簾《みす》の中に初めて入ったとき、「もう一人姉妹が増えたと思って下さい」と言っていた。姫君と吉野の姉姫ははっきりとセックスをしたわけではない夜を経て、懇意になる。姫君と四の君だって、宰相中将が割って入るまでは疑問を感じながらも新しい関係を構築していた。

しかし若君と入れ替わって宮中へ戻ったあと、姫君が築いてきた「女×女」の関係はすべて若君によって「女×男」に塗り替えられる。そして、みんな「ああ、自然なところへ収まった、普通の関係に戻った」と胸をなでおろすのだ。

「女×男」のいったい何が人々を安心させるのだろう。「女×女」や「女＋女」や「男×男」や「男＋男」には、また「（本当の契りとやらを伴わない）女＋男」にはどんな不安要素が、サステナブルでなさがあるというのだろう。こういう話をすると百億パーセント出てくるのが、「じゃあ誰が家を継ぐんだ」「少子化をどうする気だ」というコメントだ。

露骨に「世継ぎ」を求められる平安の世に、実はきょうだいの周辺は子供の問題をクリアしている。姫君＆帝、姫君＆四の君、若君＆四の君、若君＆吉野の姉姫、若君＆女東宮、宰相中将＆吉野の妹姫、その他諸々、劇中のあらゆるカップルに、血の繋がりがある・ないの違いはあれど子供が存在している。もちろんこの子供たちは女と男のセックスによって出現した生命体だし、残念ながら男社会における権力を維持するために世継ぎが再分配されたと考える方が自然だ。そもそも子どもがいれば「認められる」、いなければ「認められない」という評価軸は考えるだけで寒気がする。しかし千年前の、福祉としては何のサポート体制もない社会でもそれなりに前向きに奮闘している家族のあり方を、現代の私たちがカバーできないというのは怠慢である。

姫君は宇治で出産を終えたあと、もし望むなら男に戻ることができた。「男」生活を破綻させるリスクが最も高い世継ぎ問題はひとまず解決しているのだから。彼女からその意欲を削いだのは何だったのだろう。彼女はなぜ女に「戻った」のだろう。その理由を「女は女として生きるのが自然だから」「なんだかんだ言ってもやっぱり女の子だから」で処理するのはあまりにも彼女の人格を無視してしまっている。

自分が男として生きていくことが、自分の「普通でない」生活が、周囲の人々を――とりわけ四の君を不幸にしてきたと姫君は考えていた。それは社会が「お前は普通ではない。普通ではない生活はいずれ破綻する」と繰り返し彼女に囁《ささや》いてきたからだ。

本当は、彼女が望むなら、その人生は次のどれでもよかった。あるいはここに記載されないどれであってもよかった（無限に長くなるので抜粋して載せている）。

姫君として　貝合わせや琴を好み　帝と結ばれる
姫君として　馬や笛を好み　帝と結ばれる
姫君として　貝合わせや琴を好み　四の君と結ばれる
姫君として　馬や笛を好み　四の君と結ばれる
姫君として　貝合わせや琴を好み　特定の相手を作らない

姫君として　馬や笛を好み　特定の相手を作らない
若君として　貝合わせや琴を好み　帝と結ばれる
若君として　馬や笛を好み　帝と結ばれる
若君として　貝合わせや琴を好み　四の君と結ばれる
若君として　馬や笛を好み　四の君と結ばれる
若君として　貝合わせや琴を好み　特定の相手を作らない
若君として　馬や笛を好み　特定の相手を作らない
その他の君として　貝合わせや琴を好み　帝と結ばれる
その他の君として　馬や笛を好み　帝と結ばれる
その他の君として　貝合わせや琴を好み　四の君と結ばれる
その他の君として　馬や笛を好み　四の君と結ばれる
その他の君として　貝合わせや琴を好み　特定の相手を作らない
その他の君として　馬や笛を好み　特定の相手を作らない

＊

「普通の」「自然の」「本来の」というのは、何度心に問いかけてもしっくりきて、何

度転生してもきっと同じ行動を取るだろうと魂が総毛立つものを、「つい」選んでしまうことではないのか。何度木から彫り出しても寸分違わずこの形になるだろうという彫像のようなものではないのか。彫る前から自分をよろこばせるアウトラインが手に取るようにわかり、あるいは彫っているうちにだんだんわかってきて、もしくはまだわからないいんだけどそのうちわかるのだろうという予感めいたものがあり、そしていつか彫像のなめらかな輪郭を顕現させる。そのひと彫りひと彫りの、彫刻刀の手応えに打ち震えることではないのか。

「とりかへばや物語」には固有名詞が使われず、全人物が役職で呼ばれる。彼「女」たちを「姫君（女君）」や「若君（男君）」と呼ぶしかない自分の魯鈍《ろどん》さをどこかへ投げ捨てたいが、名前がわからないのでそうもいかない。だからこっそり「君」と呼んでいる。

姫でも若でもない君。女や男である前に君である君。君が突然「私と人生をとりかえてみよう」といたずらっぽく現れるのを、私はずっと待っている。

BACK STAGE 4　仁義なき戦い

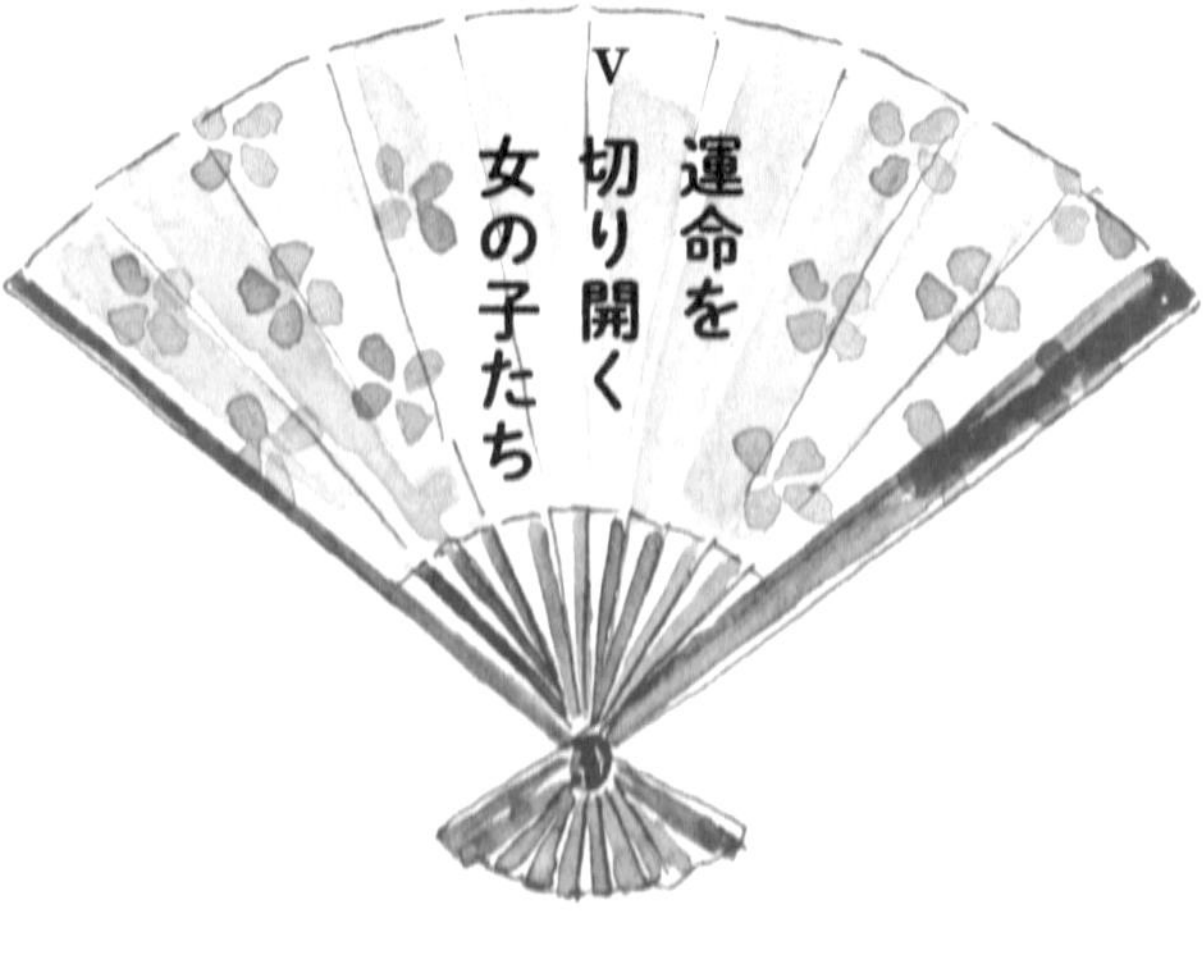
V
運命を切り開く女の子たち

花束を持って歩いていると、いつのまにか茎のガーゼから水がこぼれて洋服が濡れていた。茎には葉がついていて、花も茎も葉も私を見て「お前なんか知らん」と言った。私は「はい」と答えた。

case study 17

花とヤバい女の子――コノハナノサクヤヒメ（古事記／日本書紀）

高天原《たかまがはら》から葦原中国《あしはらのなかつくに》へ、とある神が降り立った。名はニニギノミコト。祖母のアマテラスオオミカミから「葦原中国を平定したので、行って治めるように」との指示を受け、天から地上へやってきたのだ。鹿児島県を通りかかったとき、笠《かさ》沙岬《さのみさき》（現・野間岬）で一人のうつくしい女性を見かけた。「あなたは誰ですか」と聞くと、女性ははにかみながらコノハナノサクヤヒメ、と答えてくれた。かわいい！　すごくかわいい！　「ごきょうだいは」とたずねると、姉が一人。あまりにかわいいので思い切ってプロポーズすると、「父に聞いてみないと……」とのことだった。父・オオヤマツミは天の神の申し出をよろこんでくれた。オオヤ

マツミの意向で「姉も一緒に嫁がせよう」という運びとなり、コノハナノサクヤヒメは、姉のイワナガヒメとともにニニギノミコトのもとへ向かった。

ニニギノミコトはびっくりした。うつくしいコノハナノサクヤヒメと結婚しようと思ったら、なんか、一人増えてる。しかもその増えてる一人が、かわいくない！　彼はイワナガヒメの容姿を醜いと感じた。醜い妻なんか欲しくないので帰るよう言い渡し、コノハナノサクヤヒメだけを残した。それを知ったオオヤマツミはドン引きする。コノハナノサクヤヒメは繁栄を、イワナガヒメは盤石で力強い生命力を司《つかさど》っていた。天の神の子が「未来永劫」「栄えるように」と願って二人を送り出したというのに、なんということだ……。

しばらく経ったある日、ニニギノミコトは深い疑心暗鬼に陥っていた。晴れて花の咲くようにうつくしい妻と二人きりになり、記念すべき初夜を過ごした――まではよかったのだが、その新妻がなんと、たった一度のセックスで妊娠したのだ。え、これ、絶対俺の子じゃないでしょ。

コノハナノサクヤヒメはどきどきしていた。初産だから不安だったし、体もいつも通りとは言えない。腹が重いし、腰が痛い。気分がすぐれない。常にだるいし、やたら眠い。昨日まで自分一人だけだった体の中に、知らない生命が存在している。うれしい気持ちはもちろんあるが、出産のリスクだって知っている。しかしずっと震えているわけにはいかない。一人で妊娠するわけでなし、しかも天の神のDNAを持つ子供なのだから、父親であるニニギノミコトに伝えてから産み落とさなければ。そう思って打ち明けたところ、前述のような態度をとられたのである。

「一回やっただけでできるって、ありえなくない？　実は地上の神の子なんじゃないの？　少なくとも俺の子じゃないんじゃないかな」

「そうですか」

サクヤヒメは奇妙に凪《な》いだ声で答えた。

「天の神であるあなたの血を引く子供なら、どんなエマージェンシーが起きても加護の力によって助かるでしょう。そうでなければ死ぬでしょう」

言い残して出て行くと、彼女は突然、ドアも窓もない家を建てはじめた。ニニギノミコトが（え、ええ～）と思っているうちに家は完成し、最後に残してあった隙間から、その中へ入っていく。

「じゃ、ここで産むんで」

そう言うとおもむろに入り口を粘土で塞《ふさ》ぎ、家に火を放った。燃え盛る炎。立ち込める熱気。微かに聞こえる物音が出産の様子をうかがわせるが、熱風に阻まれて中を覗くことはできない。

数時間ののち、子供は三人産まれた。ホデリノミコト、ホスセリノミコト、ホヲリノミコト、みな無事だった。そう、無事だったのだ。コノハナノサクヤヒメは疲労困憊した身体と、汗にまみれた頬が熱くなるのを感じていた。それが焼け跡に燻《いぶ》る炎のせいなのか、出産という類を見ない重労働のせいなのか、それとも高ぶる感情によるものなのかは、誰にもわからなかった。

「神に向かってなんだその口の聞き方は！」と怒られるかもしれないが、どうしても言いたいことがある。ニニギノミコト、ぼさっとしていないで家を建てている間にコノハナノサクヤヒメを止めてほしい。私は妊娠も出産も未経験だが、もし臨月の友人が産屋《うぶや》のドアを塗り固め、薪《まき》をくべていたら、その時点で（！！？？？）となり、制止するだろう。さらにその原因が自分にあり、振り切ってでも火をつけようとしていたとすれば、とりあえず土下座してやめてもらうだろう。だって危ないではないか。

彼女が「土を以《も》ちて塗り塞」ぐところを見ると、おそらく不思議な力でパッと建設・点火したわけではなく、物理的な作業を行ったと考えられる。どうでもいい情報だが私は大学時代に壁画を専攻していた。その左官作業の微かな記憶を頼りに推測すると、粘土で入り口を塞ぐには、大きさにもよるが少なくとも数時間を要するはずだ。この間に対話なり、謝罪なり、説得なりできそうなものである。

「古事記」では、サクヤヒメがスパークしはじめてから、ニニギの存在感は一気に薄くなる。それまでは台詞も詳細に書かれていたのに、エピソードの終盤では描写さえ割愛されている。彼は何を考えていたのだろう。ヒントを求めて「日本書紀」の方を開いた私は後悔した。

——ある文献によると、無事四人の子供を出産したアタカシツヒメ（コノハナノサクヤヒメ）を前にニニギノミコトは半笑いだった。問いただすと、

「一発しかやってないんだから、本当に自分の子かあやしい」

不愉快すぎる発言にバチギレしたアタカシツヒメは子供とともに窓もドアもない家にこもり火をつけたが、全員無事だった。クズを見る顔をしているアタカシツヒメから目を逸《そ》らしながらニニギノミコトは小さい声を絞り出した。

「いや、俺は信じてたよ？　でもやっぱ疑う人もいるじゃん。そういう人たちに

わからせるために、敢えてみんなの前でああ言ったんだよね」

……ダメだ。むしろダメな要素が充実している。読むんじゃなかった。とりあえず「古事記」の行動も「日本書紀」の行動も正解でないことだけは確かだ。ニニギには「普段と異なる、しかも大抵の場合、予測し受け入れることが困難で、極めて負担の重い状況にある人を慮《おもんぱか》る」という視点がない。虚無である。

二〇一五年春、駅ビル型ショッピングセンター・ルミネが YouTube にアップロードしたCMが批判を呼んだ。会社員のヨシノという女性が先輩社員の男性から「寝てそれ？（寝不足でもないのになぜそんなに性的魅力のない顔なの？）」「大丈夫だよ、ヨシノと（フェミニンな服装と髪型の、先輩社員が気に入っている女性）は需要が違うんだから」と言われたあと、画面には次のように表示される。「【需要】求められること。この場合、「単なる仕事仲間」であり「職場の華」ではないという揶揄《やゆ》」。そして「最近、サボってた？」「変わりたい？　変わらなきゃ」というコピーで映像は締めくくられる。

職場の華。女性はしばしば華や花にたとえられる。花が人間の顔に見える、というのはよくわかる。花柱や花糸を目鼻になぞらえ、花弁を髪《かみ》に見立てたキャラクターはたくさんいる。しかし、顔のパーツをあてがうだけなら女性でも、男性でも、その他でも大差ないはずなのに、なぜか花は圧倒的に女性と結び付けられる。なぜだろう？

曲線的なフォルムや鮮やかな配色がレディィスファッションのステレオタイプを呼び起こすからだろうか（レディィスファッションに花モチーフが多いのは、卵が先だろうか、にわとりが先だろうか）。花茎の細く柔らかいラインが、風に揺れる様子が、いわゆる「女性っぽい」体形と繋がるのだろうか。受粉し結実するサイクルが妊娠・出産を想起させるのだろうか（送粉元も同じく花であるが）。送粉者である虫を呼び寄せる様子と、女性に求められることが多い「甘い香り」や「装飾された外見」や「セックスアピールのある肉体」とが混同されたのだろうか（送粉者にもメスの個体とオスの個体がいるが）。まさか「自ら動くことなく視界を賑やかせる」という特性に女性性を見出したわけではあるまい。よもや咲いてから散るまでの期間の短さと、経年による見た目の変化をリンクさせたわけではあるまい。

サボっていたら花にはなれない、花になれるよう変わりたいと思うことが正しい、というメッセージをルミネのＣＭは発信した。イワナガヒメはサボっていたから醜いと言われ、花になれなかったから拒絶されたのだろうか。というか、そもそも花にならなければいけないのだろうか。そして花は、食卓や玄関に飾られて初めて価値が完成するのだろうか。多くの植物のメインターゲットは虫である。虫を繁殖に利用するべく用意した形態が、まったく偶然に、ヒトの目にポジティブに映った。花が気分を明るくするとか、目を楽しませるとか、がんばって健気に咲いてくれているというヒトの評価は、花という生命体にとって驚くほどお門違いだ。たとえば犬がある日突然喋《しゃべ》りだし、「いつも私のために黒く長い髪でいてくれてありがとう」と言い出したら驚くのと同じように。

花がヒトのためにうつくしく咲いていると考えるのがお門違いなら、石はヒトの目にうつくしくないから価値が低いという発想もお門違いだ。イワナガヒメは盤石さを司る鉱物の象徴としてニニギのもとへ出向いたにもかかわらず、花として来たことにされていた。これはオオヤマツミとニニギの怠慢である。結婚相手が増えた理由についてはオオヤマツミが事前に報連相しておくべきだったし、ニニギは理由をたずねるべきだった（面と向かってプロポーズされたコノハナノサクヤヒメはともかくとして、イワナガヒメの自由意思が存在していたのかも気になっている）。一個人の生活レベルで考えると好みの顔の人物と一緒になりたいという気持ちは悪いものではないが、「未来永劫の繁栄」と「顔が好き♡かどうか」では次元が違いすぎる。「未来永劫の繁栄」を重んじたオオヤマツミと「顔が好き♡かどうか」を重んじたニニギノミコトのすれ違いによって、イワナガヒメは少しも直面する必要のない侮蔑にさらされている。そんな事情とはまったく関係なく、花も石も地球上に存在し続けているというのに。

一つ気になっていることがある。サクヤヒメはなぜ、危険を冒してまで潔白の証明に踏み切ったのだろう。神々の暮らしを垣間見たことのない人間の妄想で恐縮だが、ニニギに拒絶されたイワナガヒメが実家に戻っているのだから、いざとなれば帰る場所はある。無実（何の罪かよくわからないが）を証明しなければ、天の神の血を引く子供を騙《かた》った（騙ってないが）罪により切り捨て御免、などという事態になったりするのだろうか？　親権をめぐって天と地を巻き込んだ抗争に発展しそうだったとか？　それとも、ニニギを愛していたから信じてほしかった？

私は、彼女は認めてもらうとか、信じてもらうためではなく、「自分が怒りを感じている」ことをただ突きつけたかったのではないかと思う。お前は私を軽んじた。私はそのことを決して許さない。この体を駆けめぐり、逆立ち上ってくるような感情が

「ほんとうにそう」であると今ここで表明してみせる。

私はほんとうに清廉潔白か？　ほんとうにそう。
私はほんとうに怒りを感じているか？　ほんとうにそう。
私はほんとうに自分の魂を守りたいか？　ほんとうにそう。
私はほんとうに「良い」と思ったものを良いと、「悪い」と思ったものを悪いと、許したくないものを許さないと、守りたいものを守ると思っているか？　ほんとうにそう。

私は、ほんとうに、そうか？　——そう。ほんとうに、そう。

ナメられたままでこの先も関係を続けていくことは不可能だ。彼女は尊厳を守るために火を放ったのかもしれない。冒頭で「ニニギ、止めろよ」と書いたが、その実、サクヤヒメがほんとうに「そう」することを心に決めていたら、彼女の行動をコントロールできる人は誰もいない。彼女自身の表明の方法を決定できるのは、この世で彼女一人だけなのだから。

＊

そういえば、桜の花びらは植物の中でもとりわけ人間の顔に似ている気がする。ぎゅっと小さい花芯《かしん》が目玉に見える。枝にぶら下がった無数の顔がいっせいにこちらを見ている。そしてじっと視線で問いかける。一年が経ったぞ。暖かくなってきたぞ。お前はどうだ。揺らいでいないか？　文化、文脈、コンテクスト、モラル、ストーリーへの逃避、打算、セオリー、リップ・サービス、それらすべてを払いのけて、

「ほんとうにそうか？」

そうです。だから大丈夫。

誰がくだらない疑惑で騒いでいても、あなたが「ほんとうにそう」だと思うならばほんとうにそうなのだ。今が「ほんとうに春だ！」と思うならば、何月だってお花見に行けるのだ。夜中だって、遠くたって行こう。川の向こうの大学生を冷やかしたり、大声で歌を歌おう。縞模様のシートと、熱い牛乳紅茶、フルーツ・サンドを持って行こうね。

case study 18

友達とヤバい女の子――ちょうふく山の山姥《やまんば》

女の友情は儚《はかな》いものだろうか。友情は恋愛の下位互換で、いつも恋愛に満たないその場しのぎで、後回しにされるべきものなのだろうか。こんなに愛おしいのに。

昔々、ちょうふく山という、とても高い山があった。その頂上は常に雲に覆われ、誰も見たことがなかった。ある晩、山から黒雲が降りてきて嵐を起こし、「ちょうふく山の山姥《やまんば》が子を産んだから、祝いの餅を持って来い。来ないと村の人間を殺す」と叫びまわって帰っていった。人々は慌てて餅をこしらえ、村の荒くれ者二人に使いを頼んだ。ところが腰が引けた男たちは「道がわからないからムリ」と言い張る。そこで村一番の年配の女性が選ばれ、案内役をすることになった。彼女の名は「あかざばんば」といった。

ちょうふく山は登るにつれて険しく、暗く、激しくなる。三人は吹きすさぶ生臭い風に阻まれながら頂上を目指す。ひときわ強い突風が急勾配を吹き下りてきたとき、荒くれ者二人は震えあがり、餅とあかざばんばを置き去りにして逃げてしまった。一人では餅は重くて持ち上げられない。仕方なく、あかざばんばは身ひとつで登山を続けた。ようやく登り終えたときには、一帯は暗くなっていた。深く皺の刻まれた、震える手で家の戸を叩くと、恐ろしい形相の大きな山姥が迎え出る。

「ヤア、よく来たね。大変だったろ」

山姥は昨日産んだばかりの巨大なわが子に山中の餅を取りに行かせ、ついでに獣を狩らせて、あかざばんばに鍋を振る舞った。食卓は温かかった。昨夜村の上空を駆けまわり、餅を要求した暗雲の正体は生まれたばかりのこの赤ん坊だという。山姥は赤ん坊が村で悪さをしなかったかと心配していた。あかざばんばは（いや、めっちゃ村人ビビらせてましたよ）と思ったが黙っていた。とりあえず、餅の代わりに自分が頭から丸呑みにされなくてよかった……。

食事を終え、あかざばんばが暇乞《いとまご》いをすると、山姥は親しげに引き止めた。

「まあ、まあ、もう少しいて、いろいろ手伝っておくれよ」

え、ええ〜。できれば帰りたいんですけど、とも言えず、しばらく山にとどまることになった。出産で体力を消耗した山姥の体を揉んだり、食事の世話をした

り、巨大な赤ん坊の面倒を見たりしているうちに二十一日が過ぎた。彼女が今度こそほんとうに帰らなければと言うと、山姥は起き上がり、きらきらと光る錦《にしき》を差し出した。
あかざばんばは山姥の赤ん坊に背負われてふもとの村に帰った。村ではちょうど彼女の葬儀が執り行われていた。村人たちはあかざばんばが山姥に食われてしまったと思ったのだ。彼女は葬儀の参列者に山姥の錦を分け与えたが、そのうつくしい反物は切っても切っても減ることがなく、高い値で売れた。村人たちはいつまでも幸福に暮らした。

山姥が子供を産む昔話には、たいていパートナーが登場しない。なぜか巨大な体軀《たいく》の山姥が一人で出産する姿が描かれる。ちょうふく山の山姥もその一人だった。丈夫な体と強い力を持ち、これまた屈強な子を産み落とすことのできる山姥は、かなりインディペンデントだ。それなのに、なぜひ弱な人間を引き止めたのだろう。あかざばんばが山に滞在した二十一日という時間は、一般的に「産後の肥立ち」「床上げ」と言われる期間と一致する。なるべく安静にし、リラックスして、体に負担をかけないでいることが望ましいとされている期間だ。この期間中、日常生活に支障があるから彼女に世話をさせた……というのが自然なのだろうが、実はちょっと考えにくい。山姥の赤ん坊は新生児なのにとても強い。山姥もたびたびおつかいを頼んでいる。母親ゆずりのパワーを持った赤ん坊は、一人で山のふもとまで出かけることだって、動物を仕留めて食料を調達してくることだってできる。

あかざばんばは、どこからどうみても人間だ。餅を一人で運べないほど腕力がなく、高齢のため体力も有り余っているとは言えない。山姥との関係において彼女はあまりにも非力である。山姥がその気になればすぐに屈服させられ、食われてしまう。この関係は対等ではない。彼女は決して「自分の生活を投げ打ってでもこの人の力になりたい」「支えたい」というポジティブな気持ちで山を登ってきたわけではないし、数週間のステイを決めたときも「食われたくない」と怯えていたかもしれない。

しかしそうとわかっていながらも、友人や知人に無理させていると知りながらも、ただそばにいてもらうことで信じられないほど救われることはときどきある。あるいは、なんでこんな子と一緒にいるんだろうと思いながら、結局寄り添い続けてしまうこともある。もちろん片方にとって都合のいい関係に我慢ならなくなって決別したり、絶交できずに苦しむこともある。山姥とあかざばんばはどうだったのだろう。

友達にはさまざまな形、無限のリレーションシップが存在する。しかしどの場合でも共通して言えるのは「友達は自分が産んだのではない」ということだ。友達みたいな親子や、アンドロイドと博士の友情を除けば、友達がこの世に生まれたことに自分は関与していない。関係ないところからやって来て、たまたま近くに寄り合う。ほんの短い時間、接触する。生涯ずっと繋がったままの友達もいれば、遠く離れてしまう友達だっている。

あかざばんばは最初、山姥のことを何も知らなかった。好きな食べ物も、思い出の本も、百万回リピート再生した曲も、学生時代の恋も何ひとつ知らない。今もきっと知らないままだ。ただ三週間だけを一緒に過ごした。そしておそらく、彼女たちは生涯再会しないだろう。そんな関係は、小さくてつまらないものだろうか？　人生の重要な部分となり得ない、一時的で二次的なものに過ぎないのだろうか。あの短い時間によって心から救われたとしても。あの時間だけを糧にこれから生きていけるとしても。

打ち解けたように思えても、ゲラゲラ笑ってくれていても、やっぱりあかざばんばにとって二十一の夜は最初から最後まで迷惑で恐ろしいものだったかもしれない。だけど、ごめんね、ありがとう。いやな気分にさせてしまうこともあったかもしれないけど、私はとてもうれしかったよ。あなたの幸いを心から祈っているよ。

あかざばんばと村人たちは、その後「末永く幸福に暮らした」とだけ伝えられている。

友達とは「幸あれ」とつぶやきたくてたまらなくなるような存在ではないか、と仮説を立ててみる。ごくたまにしか会わないけれど、連絡もあまり取らないけれど、どうか気ままに暮らしていてほしい。どうか、気ままに暮らし続けてほしい。春の夕方の公園や、秋の日曜の冷えた床の上でその暮らしを想像し、電話番号もメールアドレスも知っているけれど連絡するでもなく、（ああ、どうか幸あれ）とむせび泣く。あるいは、届かないと知っていても手紙を書いて置いておく。そんなようなものが友情ではないのかな。そう思ったとき、ふと一つの疑問が浮かぶ。友達と恋人の違いとは、いったいどこにあるのだろう。

幸せでいてほしい。できれば近くにいられて、その幸せが私によって齎《もたら》されているなら、もちろんとてもうれしい。もし仮にそうでなくても、とにかく幸せなら何でもいい。私もできるだけご機嫌に暮らすから心配しないで。でもたまに泣きつかせて。友達も、恋人も、切実に幸福を願う、その気持ちに貴賤はないはずだ。

だけど今現在、両者は厳格に区別され、異なる言葉で呼ばれている。永遠の愛を誓うシステムはあっても、友情の運営は個人の裁量に任されている。恋愛関係、からの婚姻関係（および恋愛を伴わない婚姻関係）は友愛の関係よりも手厚くサポートされている。まるで恋愛が友愛の上位互換であるかのように。

そういえば、アンドレ・ブルトン氏とポール・エリュアール氏が詩を書き、宇野亞《うのあ》喜良《きら》先生が絵を描いた詩集『恋愛 L'amour』の冒頭にはこう書かれている。

——愛しあう愛、ここで私たちの心をとらえることのできそうなただひとつのもの、それは、習慣のなかに異例のものを投げこみ、月並み表現のなかに想像力を、疑いのなかに信念を、外部のオブジェのなかに内部のオブジェの知覚を投げこむような愛のことだ——

これはまったく、友情の説明としても成立するのではないか！

この前書きから始まる詩集は性行為の体位について書かれている。性。いったいぜんたい、性交渉が友愛と恋愛を分けるものだろうか？　友愛に性行為を足すと恋愛になるのだろうか。それなら、性行為を果たさなければ友愛はいつまでも恋愛に劣る関係であり続けるのだろうか。接吻をすれば恋人か？　私たちはどんな時も、友達より恋人との予定を優先すべきなのだろうか？　感情の形式にガイドラインがあるなんて、少しばかり親切すぎるのではないか。『恋愛 L'amour』は性行為の体位にいろいろな名前をつけ、再定義していく。「小舟での誘拐」。「永久カレンダー」。「真夜中過ぎ」。

「汽車の汽笛」。「野ぶどう」。ベッドでの実際の体勢を指していたり、精神の姿勢を指していたりすると思われる。これに倣って私も自分を取り囲む関係に名前をつける。恋とも友情ともつかないあらゆる関係に。たいていの人に一つずつ名前があるのだから、すべての関係に固有名詞があってもいいだろう。私にしか、私と彼女にしかわからない名前があっても、それが他のどんな保障された関係より大切にされても、いいだろう。


「もっこうばら」

「見たことのない紋章」

「宇宙が最大だったのはいつか？」

「テレビ・ゲーム」

「流行遅れのシャッポ」

「味のないケーキ」

「下着」

「春のふぶき」

「常夜灯」

「ぺらぺらのスクラップ・ブック」
「行儀の良い靴」
「お湯を入れた箱」
「空室」
「破廉恥な菓子」
「ミルクで磨いた廊下」
「夜明かし」
「バター泥棒」

ちょうふく山の山姥とあかざばんばの関係がどんなものだったかは、二人にしかわからない。もしも二人が自分たちの魂の結びつき方に特別な名前をつけて合言葉のように使っているのなら、それを教えてやってもいいというなら、私は知りたい。

＊

親愛なる君、すべての名前をバベルの図書館みたいに保管しておくから、たまに読みに行こうよ。悲しくなったらそこで号泣しよう。泣きやんだらお腹がすくから駅前

でラーメンを食べて、夕暮れの商店街で解散しよう。トッピングでにんにくをたくさん入れて、臭くなっちゃってもいいよ。私とあんたの仲だからね。

case study 19

「あげまん」とヤバい女の子――
炭焼長者の妻（炭焼長者［再婚型］）

私と交際するとツキがよくなるって、もっぱらの噂らしい。手に入れると強運になるラッキー・ガールなんだって。とりあえず、そう言って告白して来た人は全員フることにしている。

東の長者と西の長者は仲が良かった。長者の妻がそろって妊娠していたある日、二人は待ち合わせして馴染みの釣り場へ出かけていった。流木を枕にして休憩しているうちに東の長者は眠り込んでしまう。西の長者が起きて潮の様子を見ていると、ボソボソと話し合う声が聞こえてきた。

見ると、自分たちが枕にしている流木に、竜宮の神が話しかけているではないか。

「……ねえ、流木の神、聞いた？　東の長者と西の長者の妻が、ついさっき子供を産んだらしい。二人の家へ行って、子供に《位《くらい》》を授けてこようよ」

「今私はこの通り枕にされていて動けないから、竜宮の神、悪いけど一人で行ってきて」

「オッケー」

竜宮の神は姿を消し、しばらくして戻ってきた。

「どうだった？」

「東の長者の娘に《塩一升の位》を、西の長者の息子には《竹一本の位》を授けてきた」

「まじ？　《塩一升》ってかなり良いじゃん。やりすぎじゃない？」

「いやいや、東の長者の娘は《塩一升》に引けを取らないくらい、稀に見る逸材だったよ」

《位》とは人の一生を左右する運命の象徴、器のサイズ、幸福の分量である。

《竹一本》では、あまりに息子がかわいそうだ。何とかしてやらなくては。わが子にショボい位を授けられた西の長者はあせって東の長者を揺り起こし、何食わぬ顔で提案した。

「俺らは友達だ。君のところの子供が男でウチの子が女だったら、わが家の婿にするといい。君のところが女でウチが男なら、婿にやろう」

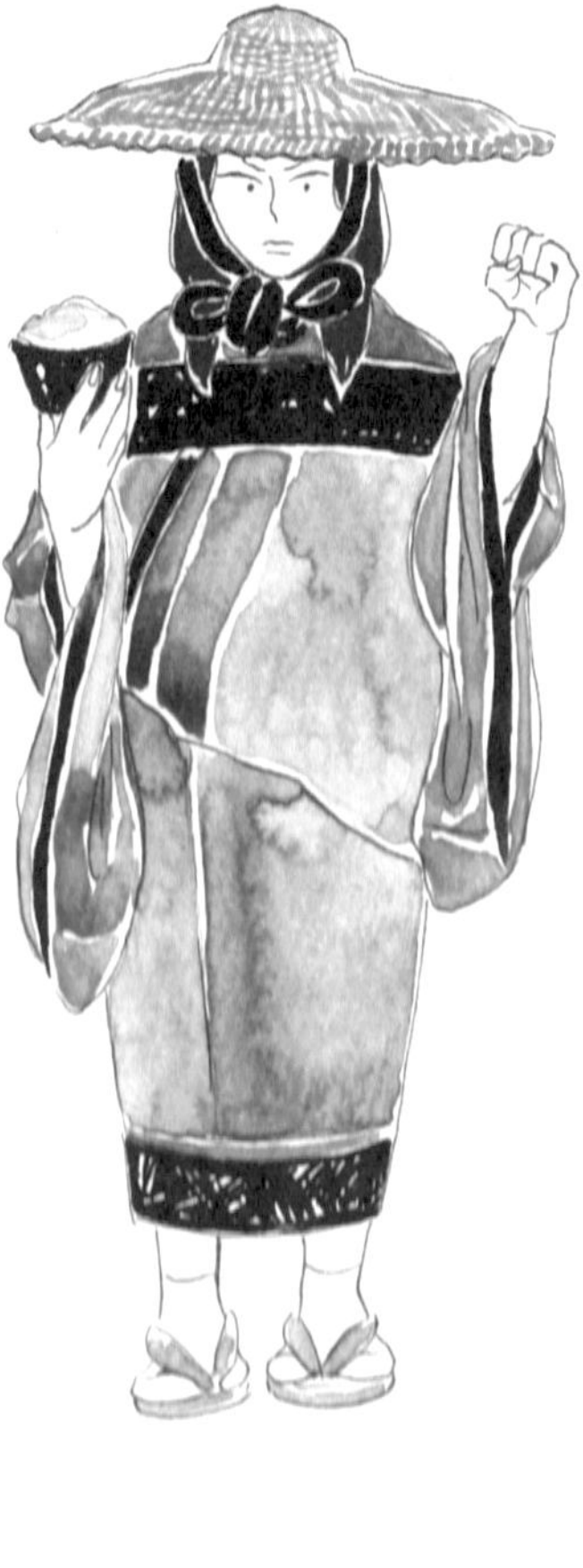

神々の雑談どおり東の長者には娘が生まれ、西の長者には息子が生まれていた。二人はすくすくと成長し、やがて十八歳を迎えた。父親たちが結んだ約束に従い、西の長者の息子は東の長者の娘の婿になった。しばらくは平和に暮らしていたが、五月のある日、事件が起こる。大麦の収穫祭の日、娘は神様に供えるために麦飯を炊き、祝いのため夫にも食べさせようとした。夫は差し出された茶碗を見て怒り狂った。

「俺は白米派なんだ。こんな麦飯食えるか！」

そう言って用意されたお膳を蹴り飛ばす。茶碗が転がり、麦の飯粒がこぼれた。娘は静かに口を開いた。

「もうあなたと暮らしていくことはできない。この家の財産は父があなたに譲ったものだからどうにでもするがいい。私はあなたが蹴り飛ばした茶碗と麦飯だけを拾って出て行こう」

娘が家を出ると、ボソボソと話し合う声が聞こえてきた。倉の神たちが苦い顔で身を寄せ合っている。

「今の見た？　この家にいたら私たちもあの男に蹴り飛ばされるかもしれない」

「炭焼きをしている五郎という若者が信心深く働き者らしいから、そっちへ移ろう」

娘は良いことを聞いたと、炭焼五郎の家を探しはじめた。

五郎の家を見つけてからの娘の行動は早かった。まずは戸を叩き、一晩の宿を貸してくれるよう頼み込む。家にあげてもらったら、持ってきた麦飯を五郎に振る舞う。極めつけに、どうか自分と一緒になってほしいとプロポーズする。最初は身分の違いに尻込みしていた五郎だったが、娘の熱意に負け、とうとう結婚を受け入れた。翌朝、娘は五郎に「あなたの仕事場の炭かまどをよく調べてみよう」と言った。五郎は不思議に思いながらも妻を仕事場に案内する。するとかまどの奥から黄金がゴロゴロと出てきた。娘と五郎はみるみるうちに富んだ。

その頃、元夫、つまり西の長者の息子は落ちぶれていた。金に困り竹細工を売り歩くうち、男は五郎たちの家にたどり着いた。娘は元夫の顔を覚えていたので、少し高めの値段で竹細工を買ってやった。元夫は彼女の正体に気づかず、（物の価値を知らないバカな女だ、ボれるだけボッてやろう）と大きな籠《かご》をさらに高値で売りつけようとする。娘が昔蹴り飛ばされた茶碗を見せると、元夫はあまりの恥ずかしさに自害してしまった。

「お前に供えるものは何もない。しかし毎年大麦の収穫祭の日だけ、麦飯を供えて祀《まつ》ろう」

娘はそうつぶやくのだった。

「あげまん」という言葉がある。交際した人の運を良くする女性を指すスラングだ。言葉の成り立ちには諸説あるが、後半部分が女性器に由来しているという説が広く浸透している。ちなみに男性の場合は男性器を示唆して「あげちん」と呼ばれる。「あげまん（ちん）」という言葉には二つの要素しかない。自分以外の誰かの運気を「あげ」ること。「まん」または「ちん」に付随する性別であることだ。

私はこのかなり雑と言わざるを得ない言葉を見かけるたび、「まん」でも「ちん」でもどちらでもいいが、誰かを「あげ」た「まん」および「ちん」と呼ばれる人自身は果たして「あが」るのだろうか……または、誰かに「あげ」てもらえるのだろうか……と気になっていた。字面からは他者に恩恵をもたらす構造しか読み取ることができない。

東の長者の娘は、生まれながらにして《塩一升》の位、つまり幸福になるポテンシャルを持っていた。それに対して、幼馴染の西の長者の息子は《竹一本》の位を授けられている。竹一本という響きはかっこいいような気もするが、一生を託すには不十分らしい。生まれながらにして運命が決まっているなんてかなりエグい。しかし、二人は途中までは運命の影響を受けていないように見える。

だって、東の長者の娘は強運の持ち主のはずなのに、割と引きが悪い。生まれる前から結婚相手を決定され、しかもその結婚はあたたかい気持ちから決められたものではなく相手の親の打算によって計画され、そこで求められるのは自分の「福パワー」のみ。いざ結婚すると夫はお膳を足蹴にするクソ野郎で、財産はその夫に譲渡されてしまう。反対に、西の長者の息子も途中までは運命に反して安寧な人生を掴みかけていた。息子思いの父親によって危機は知らないうちに回避され、苦労のない長者人生が用意されていた。

「引きが強い」の「引き」という言葉は、偶然の巡り合わせ、くじ引き、当てモンなどを連想させる。予期せぬタイミングでよい成果が出るとか、問題がひとりでに解決する、というイメージだ。しかし娘にはそんなラッキーは起こらない。最大のトラブルである麦飯のシーンでも、神様が夫を罰してくれるとか、夫が突然改心するといった「引き」が存在しない。地面に投げ出された茶碗を見たとき、彼女は自発的に怒りを表現し、別れを切り出した。もしも彼女が黙っていたら、明日も明後日も同じ日常が続いていただろう。彼女は自分の運命を自分の手で軌道修正したのだ。

物語の序盤、彼女はラッキー・アイテムでしかなかった。ただ生まれ持った運命のみが求められ、彼女の思想や信仰にはまったく注意が払われなかった。それは麦飯のシーンだけでなく、結婚してから家を出て行く日までずっと続いていたのではないかと私は想像する。夫が麦飯を蹴り飛ばしたとき、彼女が「えっ急に何⁉」とか「お前何やってんの⁉」とか「ふざけてんのか⁉」などの反応を示さなかったからだ。もしかすると、似たような行動を普段から目にしていたのかもしれない。日常的にぞんざいな扱いを受け、いつかこの生活に終止符を打とうと決意していたのかもしれない。

それでは、なぜもっと早く出て行かなかったのか。物語では一行で書かれていることも、現実の時間軸では一行でさっさと終わってくれない。一日は一日経たないと終わらないし、十年は十年、十八年経つのには十八年かかる。十八年間、彼女はこの村で育ってきた。

同じ日の同じ時間に生まれた幼馴染み。友達同士の父親。夫になる予定の幼馴染みは、ちょくちょくドン引きさせるような言動をぶっ込んでくる。私は父を愛しているし、昔から可愛がってくれた近所のおじさんこと義父も割と好きだ。あ〜、でもこいつと結婚するのいやだな〜。ノリが無理なんだよな〜。

物語の終盤、夫は自分の行いを恥じて自害してしまう。「恥じる」という感情を持っているということは、彼は案外話せるやつだった……とまではいかなくても、変化する可能性、成長する可能性を感じる（もちろん変化しない可能性もある）。私は、彼女の真価は幸福の総量ではなく、隠されたものを見抜く洞察力だったのではないかと思う。どう考えてもソリの合わなさそうな婚約者を、夫を、彼女はずっと観察していた。うーん、この人は、どうだろうな。別に二十四時間悪いやつってわけじゃないんだけど。でもやっぱり許しがたい発言と行動が目立つ。それでも今後変わっていくかもしれない。彼女は夫を見定めようとしていた。そして茶碗が転がったとき、ジャッジを下して去っていった。

炭焼五郎に対しても彼女は洞察力を発揮する。状況を把握し、もしかしてと思ったことを確認し、今あるものの価値を最大限に生かす。コミュニケーション能力も遺憾無く発揮する。明らかにあやしい「突然現れたやたらグイグイくる身分の高いっぽい女」を信用させることに成功し、家に入れてもらってから麦飯を食べるまでのわずか数十分～せいぜい数時間で五郎との人間関係を構築し、プロポーズを受け入れようというムードを作り上げる。

とはいえ、彼女にとって結婚は最終目標ではない。家も財産も家族も失った彼女だが、この洞察力とコミュニケーション能力があれば生きていくことはさほど難しくなさそうだ。極端な話、うまく五郎を騙して金塊を奪い取ることだってできるだろう。しかし彼女はそうしなかった。

彼女が物語の中で、人生の中で、初めておこなった意思決定は「与えられた環境と関係に疑問を持ち、破壊する」というものだった。一度目の意思決定によって、彼女は自分が何を許さないか、誰とともに生きたくないかを理解し、自ら選択できることに気づいた。勝手に決められた役割を返上し、望まない人間関係を清算した。それからふと、今度は新しい関係というものを、ゼロから構築してみようと思ったのかもしれない。もちろん彼女は五郎についてまだよく知らない。共同生活を続け、五郎のさまざまな面を見るうちに、やっぱりやっていけないと思う未来だってあり得る。今度は一人で生きてみようかなと思う未来も。その日が来たら、彼女はまた決断を下し、関係を「アップ」デートしていくのだろう。

*

それにしても、このやたらと生きる力のある女の子は何者なのだろう。《塩一升》

の位に生まれついたから……と説明されても全然納得いかない。誰も彼女の正体を知らない。五郎も、彼女自身でさえも知らない。ただ一つわかっているのは、彼女はこれからも思った通りに行動するだろうということだ。

ふと、長年の疑問が解決した。「あげまん（ちん）」が女性器（男性器）に由来するという説を前提とした場合、「あげまん（ちん）」本人が誰かの恩恵を待つ必要はたぶんない。だって彼女の（彼の）身体は最初から、彼女たち自身のものだから。

流木を枕にして、彼女の人生が彼女自身の手によって無限に「あげ」られていく夢を見たい。

case study 20

証明とヤバい女の子――山姥《やまんば》と百万山姥《ひゃくまやまんば》（能 山姥）

あなたの中に私の言葉を見つけるとき、私の中にあなたの筆跡を見出すとき、分厚い紙の束を嗅いだみたいにそわそわと面映《おもは》ゆくなる。一人で日記を書くのも好きだけど、ふざけてプロフィール帳を交換するのも好きだから。

京の都に有名な遊女がいた。彼女は若くしてスターだった。「山姥《やまんば》」という曲を歌わせるとたいそううまく、人々からは「百万山姥《ひゃくまやまんば》」というあだ名で親しまれていた。

ある時、百万は親の十三回忌のために善光寺へ詣でようと、従者とともに旅立った。越中・越後の国境へ辿り着いた一行は、山を越える道を里の男にたずねる。男は案内してくれると言った。しばらく山道を歩いていると、まだ昼下がりだというのに突然日が落ち、あたりは真っ暗になってしまった。これでは進めない。足元が見えないし、何より不気味だ。

「……もし、旅の方、どうなさいました。ああ、道に迷われたのですね。よかったらうちへ泊まっていきますか」

困惑する一行の前に突然女が現れ、自分の庵《いおり》へ招待してくれるという。親切だが、どう考えても不審だ。庵に着くなり、彼女は都で名高い百万の歌を聴きたいとせがんだ。百万のことをよく知っているというが、見覚えがない。

「どうしても歌ってほしいんですよ。お前の歌を聴きたいがために、わざわざ日を暮れさせたんですからね……」

一気に空気が張り詰める。

「お前は山姥を題材にした歌で有名になっておきながら、本物の山姥を気にもとめないんだものね。恨めしくもなるというものだろう……」

断るという選択肢はなかった。夜が更けたら今度は真の姿で現れるから、歌ってくれ。そう言うと、一行を残して山姥は消えた。さて、ここまで案内してくれた里の男、明らかに怪しい。絶対何か知ってるだろ。何ならグルだろ。百万の従者は里の男に山姥の正体を聞き出そうとするが、男はまったく核心に触れず、あれこれとふざけてはぐらかしてしまう。

「うう〜ん、山芋が経年変化で山姥になってたりなんかして」

「もしかして、どんぐりが腐って山姥の目になったのかもしれません」

「家の木戸が苔むして、蔦が這って鬼女になり、山姥となったのかなあ。ほら、「鬼女」と「木戸」ってちょっと似てません？　音的に」

何言ってんだ、こいつ。埒《らち》があかないまま深夜になってしまった。にわかに百万に向かって風が激しく吹きつけ、山姥が恐ろしい姿で現われる。昼間見たときとは比べものにならないほど、ずっしりとした重圧が空気に満ちる。

（ああ～どうしよう……。山姥の歌で有名になった私が、その山姥に一口で食べられたなんて噂が立ったら最悪すぎる……）

百万は卒倒しそうな気持ちで、それでも歌いはじめた。口を開けば歌はするすると流れ、闇夜に沁みわたる。

「〽善悪に苦しみ、足を引きずって、山姥が山を回るのは苦しいことだ」

山姥は少しの間聴き入っていたが、ぶわ、と動きだした。百万の歌に合わせて、本物の山姥が弾かれたように舞いはじめる。舞う。舞う。舞いながら、ぽつぽつと話し出す。山の四季のこと。仏の教えのこと。そして、自分のこと。

よし足引の山姥が、山廻りするぞ苦しき。よし足引の山姥が。よし足引の山姥が——

百万の声がこだまする。泣き出す直前の、いてもたってもいられない切実さで山姥が駆け巡る。巡って、巡って、巡って――

やがてふっと山陰に見えなくなってしまった。あとには静かな木々が、ただそよぐばかりだった。

初めて生で観た能がこの『山姥』だった。会場は京都観世会館だったと思う。私は能初心者と名乗るのも憚《はばか》られるほどの超超初心者である。右も左もわからないなりに一生懸命観ていたのだが、途中で「何これ？」と思ったところがあった。山姥が現れたあと、里の男が突然ふざけだすシーンだ。上機嫌とは言えない山姥に出くわし、最悪の場合、数時間後には全員死んでいてもおかしくない危機に直面しているのに、男は笑いづらすぎる冗談を連発する。しかもこのシーン、やけに長い。ギャグ・パート、そんなに引っ張る？　というかそのボケ、今、要る？　なんか……そんな空気じゃなくない？　さっぱりわからない。古文の授業もろくに聞いていなかった、コンテクスト・ゼロの私は、この謎のシーンについて、もう勝手に想像することにした。

スベり疑惑のあるこれらのギャグ（？）には、ある共通点がある。鬼女に、山姥に、

「なる」という言葉だ。この表現は何度も繰り返し使われている。山芋が山姥に「なる」。どんぐりが山姥に「なる」。木戸が鬼女に、鬼女が山姥に「なる」。山姥ははじめから山姥だったわけではないようだ。実際にどんぐりだったかどうかはさておき、いつかどこかで「山姥」に「なった」らしい。「なる前」と「なった後」の分岐点がどこかに存在する。この二分法に照らすと、山で遭遇した山姥は「なった後」、遊女の百万は「なる前」だ。山姥にとって百万を見ることは、昔の自分を見ることに似ている。

もう一つわからないことがある。山姥はなぜ、最後には気持ちを収めて山に消えていったのだろう。「山姥を題材に名声を得ながら、その真の姿を気にもとめようとしないなんて」という恨み言から察するに、山姥は気分を害していた。この怒りはもっともだ。自分のことを大して知りもしない人間が、自分をダシにして人気を得ている。元ネタに対して敬意を払っている様子もない。何か一言くらいあってもええんちゃうの？とイラッときても不思議ではない。太陽を沈め、昼を夜にするほどの力の持ち主だ。ムカついたら人間一人殺すくらい、何のことはない。だけど殺さなかった。結果的に百万は許され、山姥は心をいくらか慰めて去っていった。なぜ山姥は、百万の歌を聴きたがったのだろう。

私は、山姥が「語り手」を求めていたのではないかと思う。一人の女性が山姥になった経緯は台本の中では語られない。だけど山姥に「なる」ほどの、とうてい忘れられない半生が彼女にはあったはずだ。善悪に苦しみ、足を引きずって、山姥が山を歩きまわる。日々が過ぎ、「あの頃」がだんだん現実味を失ってくる。あれは本当にあったことなのだろうか。私の作り出した架空の思い出なのではないか。空想上の言葉、空想上の別れ、空想上の温もりだったのではないか。葉の影が風に揺れている。山は厳しくうつくしい。うつくしいけれど、あの頃が確かにあったと保証してくれる者はここには誰もいない。自分の輪郭が透けていくような不安を抱いた山姥が、百万と邂逅したとすれば。

山姥からしてみれば、正直、誰でもよかったのかもしれない。ただ自分の話に耳を傾け、書きとめてくれる第三者であれば、誰でも。そんな中突然現れた、少なからず山姥について語ることができる百万という思いがけないキャラクターは、これ以上ない救いだったように私は思う。百万の歌に合わせて踊りながら、山姥は彼女の人生をもう一度浴びた。消しがたい信念、忘れがたい思い出、手放しがたい手触り、それらすべてを語り直してくれる、魂の保証人。私は確かにここにいた。気のせいなんかではなかった。

ほんとうは誰の手も借りずにはつらつとしていられたらよかった、とは思う。みんなが忘れ去ってしまっても「あの日は絶対に存在していた」と強く言い切ることができれば、それが一番よかったよ。そりゃあ、もちろん、よかったけど、証明を目の当たりにしたときに「ああ、」とほっとした気持ちになることを、誰が弱いと咎《とが》められるだろう。

『山姥』が作られた十五世紀前後から、この寂寥《せきりょう》があったのかと思うと、ちょっと笑ってしまう。最低でも六世紀もの間、私たちはストーリー・テラーを求めているのだから。

話は変わるが、能にはもう一人、「百万《ひゃくま》」という名前の女性がいる。彼女は『百万』という演目のタイトル・ロールである。『百万』は次のような物語だ。

奈良県・西大寺《さいだいじ》にて、一人の男が道端で小さな子供と出会う。男は行くあてがないという子供を連れ、京都の清涼寺へ出かける。境内の人混みの中で、女が一人、念仏を唱え激しく踊っている。百万という名のその女は夫に先立たれ、息子

と生き別れになってしまったために狂ったらしい。男に手を引かれていた子供は踊る女を見て、彼女が自分の母親だと気づく。男の計らいで二人は再会し、その後、母子は一緒に暮らすことができたという。

『百万』の百万が『山姥』の百万と同一人物かどうかはわからない。偶然同じ名前だっただけかもしれないし、物語をなんとなく関連付けるためにわざと同じ文字が与えられたのかもしれない。もしかして百万が山姥に出会ったあとで家族をなくして狂ってしまったのかもしれないし、はたまたパラレルワールド――子供と清涼寺で再会できなかった世界線の百万が狂ったのちに山姥となり、山中で昔の自分と巡り会ったのかもしれない。

　二人の百万から、いくつもの世界線が想像される。これらの物語は観阿弥《かんあみ》・世阿弥《ぜあみ》によって整えられ語り継がれてきたが、取りこぼされた二人のストーリーはまだまだ無数にあっただろう。今この瞬間に伝承されていない物語は、あったかもしれないし、なかったかもしれない。あったことが証明できないように、なかったことも誰にも証明できないのだ。

実をいうと、私は『山姥』に希望を見出している。百万という、山姥の人生に直接関わってこなかった、行きずりの、見知らぬ女の子の歌によって、山姥がこの世に繋ぎとめられたことに。だって私たち、語り合えるということでしょう。私の中にあなたを、あなたの中に私を見出せるということでしょう。ページを破りとられても、文字が擦れて消えてしまっても、思うように綴り直せるということでしょう。

＊

あったかもしれない、なかったかもしれない世界線の女の子たち。そこかしこにあなたの姿を見つけられる。越後の山中。善光寺。あるいは、清涼寺。いっそのこと、月曜日の特急列車。金曜日の居酒屋。建てたばかりの家。深夜の誰もいないオフィス。住んだことのない街。そこに立っている無数の百万たち、山姥たち。この十人、百人、千人、一万、十万の、百万人の女の子たち。

やっぱりどう考えても、確かに私たち、いたよね。

BACK STAGE 5　ばったり

あとがきマンガ
メイキング・オブ・日本のヤバい女の子 抵抗編
こんにちは はらだ有彩です
この本を読んでくださって ありがとう ございます
ヤバ女2
突然ですが ときどき「どうやって昔話を探してるの?」と聞かれることがあります
インタビューして下さった方(やさしい)
しどろもどろ
緊張のあまりニヤついている
どうしているかというと
ニヤ…
本屋さん!
昔話
棚の編集の妙
図書館!
伝承
全集揃ってる神
それでもだめなら
Google
門真市
地方自治体のサイトを一つずつチェックする
地方自治体は最高
なんといっても 都道府県が47 市が792 特別区が23 町が743 村が183もある
(2018年現在)
そして大抵 地域に伝わる昔話や民話をまとめてくれているのだ
親切すぎる
●●●市
●●●CITY
募集
まちづくり
文化
だいたい この辺にある
奥が深い地方自治体
カチ… カチ…
○○市ようこそ
ヤバい
その他 土地名+「姫」「伝説」で延々検索するのもおすすめです

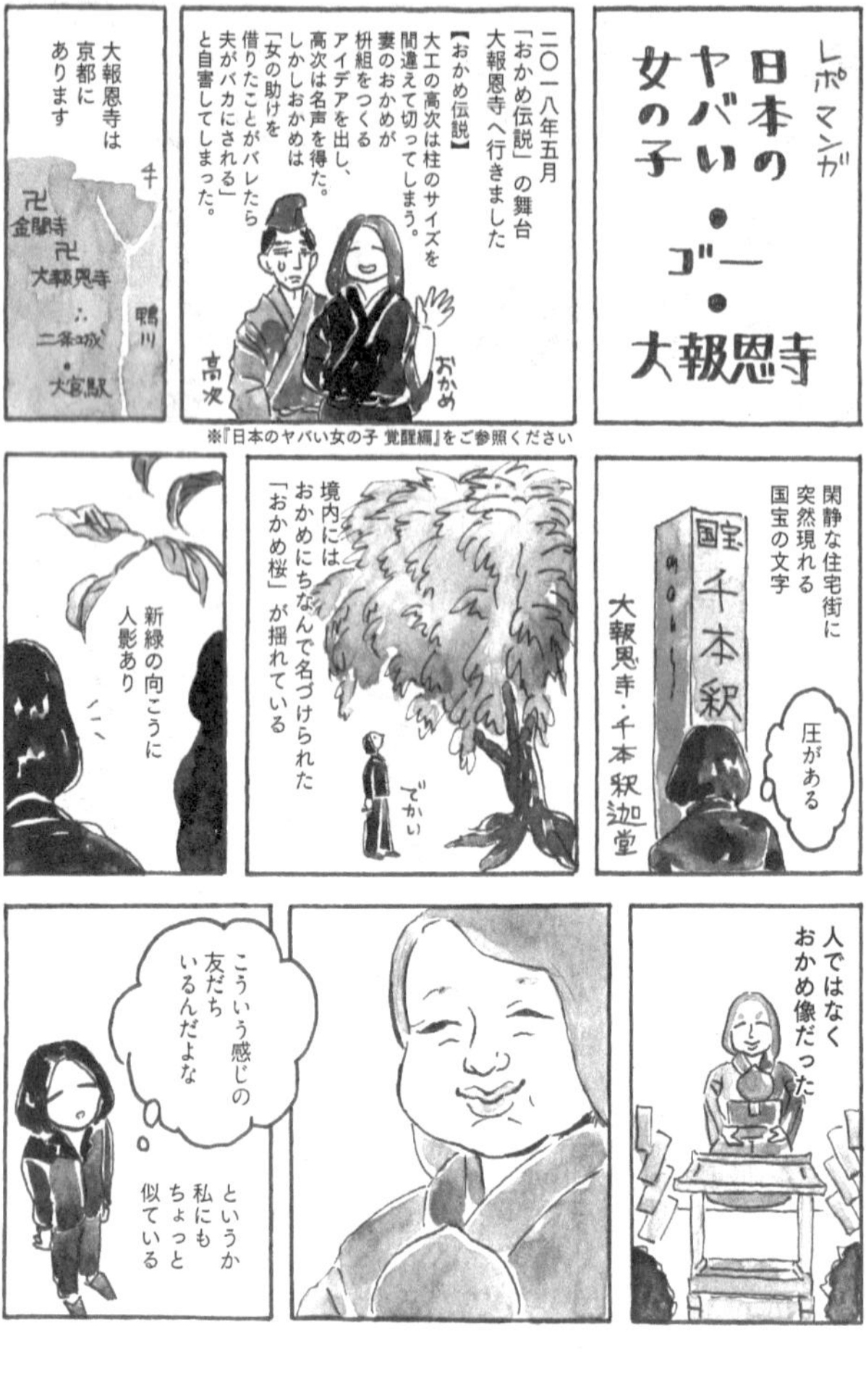

レポマンガ
日本のヤバい女の子・ゴー・大報恩寺
二〇一八年五月「おかめ伝説」の舞台大報恩寺へ行きました
【おかめ伝説】
大工の高次は柱のサイズを間違えて切ってしまう。妻のおかめが枡組をつくるアイデアを出し、高次は名声を得た。しかしおかめは「女の助けを借りたことがバレたら夫がバカにされる」と自害してしまった。
おかめ
高次
大報恩寺は京都にあります
鴨川
金閣寺
大報恩寺
二条城
大宮駅
※『日本のヤバい女の子 覚醒編』をご参照ください
閑静な住宅街に突然現れる国宝の文字
国宝 千本釈
大報恩寺・千本釈迦堂
圧がある
境内にはおかめにちなんで名づけられた「おかめ桜」が揺れている
でかい
新緑の向こうに人影あり
人ではなくおかめ像だった
こういう感じの友だちいるんだよな
というか私にもちょっと似ている

本堂にて
お参り
一緒に来てくれたルームメイト
高次が
切り間違えた
柱どれかな
きょろ
きょろ
ん?
あれかな?
……
…
40cmくらい…?
枡組から逆算できないけど
けっっっっこう
切るやん
高次……
これは
思いつめるわ
ウッ
ウッ
私がやりました
自分が
やらかした
ところを
想像したら
急に
動悸が…
ウッ
高次は
おかめが助けてくれたとき
これ以上
幸せなことはないと
思っただろう
一生
感謝し続けようと
思っただろう
その一生がもっと長く
続いて欲しかった
大報恩寺の
おかめお守り
彼女は
今日も
にこにこ
している

終 ありがとうございました

参考資料

富山県児童文学研究会編『読みがたり 富山のむかし話』日本標準
今村義孝、今村泰子編『秋田むがしこ』無明舎出版
国分義司『戸隠の鬼たち』信濃毎日新聞社
金子万平、鬼女紅葉を偲ぶ会編『鬼女紅葉伝説の里』鬼女紅葉を偲ぶ会事務局
落合宏『紅葉そなたは〈鬼女〉であれ〈貴女〉であれ』信濃毎日新聞社
端戸信騎『鬼女紅葉伝説考 イデアもどきの海へ』オフィス・エム
井原西鶴『好色五人女』岩波文庫
井原西鶴著、しみじみ朗読文庫編、武田麟太郎訳『好色五人女【現代語訳】井原西鶴現代語訳集3 復刻版』響林社文庫
鵜月洋『雨月物語評釈 日本古典評釈・全注釈叢書』KADOKAWA
勝倉壽一『雨月物語構想論（研究選書 17）』教育出版センター
上田秋成著、鵜月洋訳注『改訂版 雨月物語 現代語訳付き』角川ソフィア文庫
澁川玄耳『新訳平家物語 下巻』金尾文淵堂
著者不詳、夕陽亭馬齢編『源平盛衰記一』夕陽亭文庫
著者不詳、夕陽亭馬齢編『源平盛衰記十』夕陽亭文庫
菊池寛著、しみじみ朗読文庫編『源平盛衰記―菊池寛が生き生きと描く源平の人間模様 復刻版』響林社文庫
柳田国男『一目小僧その他』角川ソフィア文庫
高辻知義訳『［オペラ対訳ライブラリー］ワーグナー トリスタンとイゾルデ』音楽之友社
高田衛、原道生編、棚橋正博校訂『十返舎一九集』叢書江戸文庫
武石彰夫訳『今昔物語集 本朝世俗篇（上）全現代語訳』講談社学術文庫
鈴木三重吉『古事記物語』原書房
太安万侶、稗田阿礼著、武田祐吉訳『古事記 03 現代語訳 古事記』ゴマブックス

宮澤豊穂『日本書紀 全訳』ほおずき書籍

由良弥生『読めば読むほど面白い『古事記』75の神社と神様の物語』王様文庫

由良弥生『眠れないほど面白い『古事記』』王様文庫

産経新聞取材班『神話のなかのヒメたち もうひとつの古事記』産経新聞出版

戸部民夫『「日本の神様」がよくわかる本 八百万神の起源・性格からご利益までを完全ガイド』PHP文庫

筑紫申真『アマテラスの誕生』講談社学術文庫

近藤直也『松浦さよ姫伝説の基礎的研究【古代・中世・近世編】』岩田書院

近藤直也『松浦さよ姫伝説の基礎的研究【近・現代編】』岩田書院

中村啓信『風土記 上 現代語訳付き』角川ソフィア文庫

中村啓信『風土記 下 現代語訳付き』角川ソフィア文庫

河合隼雄『とりかへばや、男と女』新潮選書

水谷悠歩『現代語訳 とりかへばや物語』(Kindleで販売)

水谷悠歩『あらすじで読む とりかへばや物語』(Kindleで販売)

さいとうちほ『とりかえ・ばや』フラワーコミックスα

鈴木裕子『とりかへばや物語 ビギナーズ・クラシックス 日本の古典』角川ソフィア文庫

桑原博史訳『とりかへばや物語(一)春の巻』講談社学術文庫

桑原博史訳『とりかへばや物語(二)夏の巻』講談社学術文庫

桑原博史訳『とりかへばや物語(三)秋の巻』講談社学術文庫

桑原博史訳『とりかへばや物語(四)冬の巻』講談社学術文庫

三浦裕子文、増田正造監修、小山賢太郎漫画『まんがで楽しむ能・狂言』檜書店

荒俣宏著、いまいかおる絵『歌舞伎キャラクター事典』PHP文庫

ヴァレリー・エステル・フランケル著、シカ・マッケンジー訳『世界を創る女神の物語 ―神話、伝説、アーキタイプに学ぶヒロインの旅』フィルムアート社

岡野幸江、長谷川啓、渡邊澄子編『買売春と日本文学』東京堂出版
金光仁三郎『知っておきたい 世界の女神・天女・鬼女』西東社
河合隼雄著、河合俊雄編『昔話と現代〈〈物語と日本人の心〉コレクションV〉』岩波現代文庫
河合隼雄『昔話と日本人の心』岩波書店
切畑健、市田ひろみ『写真でみる日本の女性風俗史―京都染織まつり記念図録』京都書院
鈴木紀子、野村幸一郎、林久美子『〈悪女〉の文化誌』京都橘大学女性歴史文化研究所叢書
田中貴子『聖なる女―斎宮・女神・中将姫』人文書院
長田暁二『歌でつづる20世紀～あの歌が流れていた頃』ヤマハミュージックメディア
『姫神の本 聖なるヒメと巫女の霊力（NEW SIGHT MOOK Books Esoterica 43）』学研プラス
松谷みよ子『現代民話考［第二期］Ⅲラジオ・テレビ局の笑いと怪談』立風書房
水木しげる『決定版 日本妖怪大全 妖怪・あの世・神様』講談社文庫
中沢新一編『《南方熊楠コレクション》第2巻 南方民俗学』河出文庫
吉田敦彦『昔話の考古学―山姥と縄文の女神』中公新書

解　説　私たちは語り直さなければならない

藤野《ふじの》可織《かおり》（小説家）

以前、とある文芸誌で、御伽草子の中から一作を選び、それをもとにして小説を書くという企画に参加した。私はなんとなく「木幡狐《こわたぎつね》」を選んだ。それがどんな話かも知らなかった。

「木幡狐」はだいたいこんな話だ。山城国《やましろのくに》木幡の里に、稲荷明神の由緒ある家柄の狐の一族が住んでいました。なかでも末娘のきしゆ御前は才色兼備で、いろいろと縁談が舞い込むのだけれどもいっこうに興味を示さないうちに16歳になりました。

あるときさきしゆは三位《さんみ》の中将という人間の青年がお花見をしているところを見かけて、その美貌に一目惚れし、人間に化けて彼と結婚しようと思いつきました。乳母は「都には犬がいて危ないですよ」と止めるのですが、きしゆは聞きません。

きしゆの計画はうまくいき、三位の中将のほうも人間に化けたきしゆに一目惚れします。さっそく屋敷に泊めますが、きしゆは恥じらったふりをしてわざと体を許しませんでした。中将の恋心は燃え上がるばかり。きしゆは晴れて中将の奥方になり、かわいい男の子にも恵まれました。

しかし、幸せな日々は子どもが3歳のお祝いに犬を贈られたことによって終わりを迎えました。狐的に、犬は非常にまずい。犬と暮らすことはできません。きしゆは乳母とともに泣く泣く屋敷を去ります。

郷里に帰ると、行方不明のきしゆの身を案じていた一族は大喜び。盛大な宴会が開かれます。しかしきしゆは残してきた夫と子どもを思い、髪を剃り落として仏門に入りました。いっぽう都では三位の中将もきしゆがいなくなったことを嘆き悲しみ、その後二度と妻を迎えることはありませんでした。きしゆも遠くから子どもの成長を見守りながら、生涯お経を唱えて暮らしました。

一読して、ふーん悲恋の物語か、と思った。私は悲恋を取り扱った小説を書いたことがない。これを機にそういうのに挑戦するのもいいかなという気になって、パソコンに向かった。ところが、一文字も書けずにかたまっているうちに、だんだん腹が立ってきた。なんで人間に化けたりできるようなすごい狐が、人間と悲恋なんかしちゃってんの？　人間の価値観のいわゆる良妻賢母をやるより、狐でいるほうが楽しくない？　ていうか化けるとかほんまにすごくない？　なんで人間の生活が至上みたいなことになってんの？ 狐のほうがよっぽどいいやん！ 悲恋なんか糞食《くそ》らえだ。私は猛烈に腹を立てたまま、底本とぜんぜんちがう、似ても似つかない小説を書いた。

この『日本のヤバい女の子』は、前作「覚醒編」でも今作「抵抗編」でも、昔話をめちゃくちゃにしたりはしない。語られてきた古い物語を丁寧に紐解きながら、そこに登場する「女の子」たちの尊厳を守る。彼女たちの気持ちを推し量り、彼女たちの選択を尊重し、彼女たちを踏みにじったものに対して怒りを表明し、彼女たちの幸せを祈る。そのことにどういう意味があるのか。

これまでの人類の歴史で、表舞台にいたのはおもに男性だった。芸術もほんの少しの女性と圧倒的多数の男性の手によってつくられてきたことを鑑みれば、本書に収録されている物語も多くはやはり男性によって語られ維持されてきたものと考えるのは不自然ではないと思う。だとすれば、それは男性のための物語だったかもしれない。あるいは、男性優位社会で生きる女性のために、男性があてがった物語だったかもしれない。

私たちは、それを語り直さなければならない。私は常日頃強くそう思っている。長い長い歴史の中で男性が語ってきたのと同じ分量を、私たち女性はやり直さなければならない。私たちは、これまで取り上げるほどの価値もないとして、あるいは取り上げてはなにかまずいことがあるとして見捨てられてきたもうひとつの物語を見つけ出し、拾い上げる必要がある。それは、今もなお、ともすれば表舞台から排除され、声をあげる口をふさがれがちな女性が、ここに私はいるのだと証明するための重要な作業のひとつである。

本書は、まさにそれをしている。しかも、本書のやり方は私の胸を衝《つ》く。本書は、男性のために都合よくつくられたかもしれない彼女たちを決して軽んじることなく、彼女たちに大きな共感を寄せている。モデルがあろうと物語の中だけの存在であろうと、すでにこの世に生み出されている「女の子」を、決して否定しない。それは、この世界から取りこぼされる命がないようにと、誰一人見捨てることをしないという強い決意のあらわれだ。語り直さなければならないと勢いこんでいる私は、このことにはっとさせられる。

私は「木幡狐」のきしゆの描かれように腹を立てた。きしゆが人間なんかに本気で惚れ、良い妻良い母親をやってのけ、それを失ったのちは楽しい妖術（？）で遊び暮らすこともせずにただただ蟄居《ちっきょ》して夫と子どものために祈って過ごすことにいらいらした。そんなんありえへんやろ。でも、少なくとも物語の中にそういうきしゆはいたのだ。取りこぼされてきたものを拾い上げようとして、私はもとのきしゆをわざと取りこぼした。彼女の恋心や選択を、なきものにしたかった。あの小説を書いたことは別に反省はしていない。ただ、もとのきしゆのような「女の子」を尊重しその尊厳を守ることを、私は絶対に忘れてはいけない。

本書の最後に配されている「証明とヤバい女の子——山姥《やまんば》と百万山姥《ひゃくまやまんば》（能　山姥）」は、こう締め括られている。

「あったかもしれない、なかったかもしれない世界線の女の子たち。そこかしこにあなたの姿を見つけられる。越後の山中。善光寺。あるいは、清涼寺。いっそのこと、月曜日の特急列車。金曜日の居酒屋。建てたばかりの家。深夜の誰もいないオフィス。住んだことのない街。そこに立っている無数の百万たち、山姥たち。この十人、百人、千人、一万、十万の、百万人の女の子たち。

やっぱりどう考えても、確かに私たち、いたよね。」

私たちは語り直さなければならない。誰一人取りこぼすことなく。本書は、途方もないその作業へと私たちの手を引いて行ってくれる。そこでは、たくさんのヤバい女の子たちが待っている。

本書は、二〇一九年九月に柏書房より刊行された単行本『日本のヤバい女の子　静かなる抵抗』を改題し、文庫化したものです。

日本《にほん》のヤバい女《おんな》の子《こ》

抵抗編《ていこうへん》

はらだ有彩《ありさ》

令和3年 11月25日　初版発行
令和6年 9月20日　再版発行

発行者●山下直久

発行●株式会社KADOKAWA
〒102-8177　東京都千代田区富士見2-13-3
電話　0570-002-301（ナビダイヤル）

角川文庫 22907

印刷所●株式会社KADOKAWA
製本所●株式会社KADOKAWA

表紙画●和田三造

●お問い合わせ
https://www.kadokawa.co.jp/（「お問い合わせ」へお進みください）
※内容によっては、お答えできない場合があります。
※サポートは日本国内のみとさせていただきます。
※Japanese text only

ISBN 978-4-04-111650-0　C0195

角川文庫発刊に際して

角川源義

第二次世界大戦の敗北は、軍事力の敗北であった以上に、私たちの若い文化力の敗退であった。私たちの文化が戦争に対して如何に無力であり、単なるあだ花に過ぎなかったかを、私たちは身を以て体験し痛感した。西洋近代文化の摂取にとって、明治以後八十年の歳月は決して短かすぎたとは言えない。にもかかわらず、近代文化の伝統を確立し、自由な批判と柔軟な良識に富む文化層として自らを形成することに私たちは失敗して来た。そしてこれは、各層への文化の普及滲透を任務とする出版人の責任でもあった。

一九四五年以来、私たちは再び振出しに戻り、第一歩から踏み出すことを余儀なくされた。これは大きな不幸ではあるが、反面、これまでの混沌・未熟・歪曲の中にあった我が国の文化に秩序と確たる基礎を齎らすためには絶好の機会でもある。角川書店は、このような祖国の文化的危機にあたり、微力をも顧みず再建の礎石たるべき抱負と決意とをもって出発したが、ここに創立以来の念願を果すべく角川文庫を発刊する。これまで刊行されたあらゆる全集叢書文庫類の長所と短所とを検討し、古今東西の不朽の典籍を、良心的編集のもとに、廉価に、そして書架にふさわしい美本として、多くのひとびとに提供しようとする。しかし私たちは徒らに百科全書的な知識のジレッタントを作ることを目的とせず、あくまで祖国の文化に秩序と再建への道を示し、この文庫を角川書店の栄ある事業として、今後永久に継続発展せしめ、学芸と教養との殿堂として大成せんことを期したい。多くの読書子の愛情ある忠言と支持とによって、この希望と抱負とを完遂せしめられんことを願う。

一九四九年五月三日

角川文庫ベストセラー

藪の中・将軍　芥川龍之介

『今昔物語』を典拠に、真実の不確かさを巧みな構成で鮮やかに提示した「藪の中」、神格化された「将軍」の虚飾を剥ぐ「将軍」等、様々なテーマやスタイルに挑戦した大正10年頃の円熟期の作品17篇を収録。

あひる　今村夏子

わが家にあひるがやってきた。名前は「のりたま」。近所の子供たちの人気者になるが、体調を崩し、動物病院に運ばれていってしまう。2週間後、帰ってきたのりたまはなぜか以前よりも小さくなっていて――。

虹色の童話　宇佐美まこと

2017年、長編『愚者の毒』で日本推理作家協会賞を受賞した宇佐美まことが贈る、イヤミス×怖い童話！　古びたマンションの住人たちに打ち続く不幸の裏にちらつく影は一体？　長編ホラーミステリー。

泣かない子供　江國香織

子供から少女へ、少女から女へ……時を飛び越えて浮かんでは留まる遠近の記憶、あやふやに揺れる季節の中でも変わらぬ周囲へのまなざし。こだわりの時間を柔らかに、せつなく描いたエッセイ集。

刺繍する少女　小川洋子

寄生虫図鑑を前に、捨てたドレスの中に、ホスピスの一室に、もう一人の私が立っている――。記憶の奥深くにささった小さな棘から始まる、震えるほどに美しい愛の物語。

角川文庫ベストセラー

私の家では何も起こらない　恩田　陸

小さな丘の上に建つ二階建ての古い家。家に刻印された人々の記憶が奏でる不穏な物語の数々。キッチンで殺し合った姉妹、少女の傍らで自殺した殺人鬼の美少年……そして驚愕のラスト！

モモコとうさぎ　大島真寿美

モモコ、22歳。就活に失敗して、バイトもクビになって、そのまま大学卒業。もしかしてわたし、誰からも必要とされてない――？　現代を生きる若者の不安と憂鬱と活路を見事に描きだした青春放浪記！

檸檬　梶井基次郎

私は体調の悪いときに美しいものを見るという贅沢をしたくなる。香りや色に刺激され、丸善の書棚に檸檬一つを置き――。現実に傷つき病魔と闘いながら、繊細な感受性を表した表題作など14編を収録。

遠野物語 remix　京極夏彦　柳田國男

山で高笑いする女、赤い顔の河童、天井にぴたりと張り付く人……岩手県遠野の郷にいにしえより伝えられし怪異の数々。柳田國男の『遠野物語』を京極夏彦が深く読み解き、新たに結ぶ。新釈〝遠野物語〟。

ゼロから始める都市型狩猟採集生活　坂口恭平

東日本大震災を経て「新政府内閣総理大臣」となり『独立国家のつくりかた』を著した坂口恭平。その生き方の思考ベースが詰まった現代人必読の書がついに文庫化。「家」「仕事」「生活」への先入観を覆す一冊。

角川文庫ベストセラー

スウィングしなけりゃ意味がない　佐藤亜紀

1939年ナチス政権下のドイツ、ハンブルク。15歳のエディが熱狂しているのは頽廃音楽と呼ばれる〝スウィング〟だ。だが音楽と恋に彩られた彼らの青春にも、徐々に戦争が色濃く影を落としはじめる――。

きのうの影踏み　辻村深月

どうか、女の子の霊が現れますように。おばさんとその子が、会えますように。交通事故で亡くした娘を待ちわびる母の願いは祈りになった――。辻村深月が〝怖くて好きなものを全部入れて書いた〟という本格恐怖譚。

新 怖い絵　中野京子

フリーダ・カーロ、ミレー、シャガール、モネ、ゴヤ……美術ファンから歴史ファンまで、新たな絵画の楽しみ方を提案する20の物語。大ヒット「怖い絵」シリーズの文庫、新章開幕！

眺望絶佳　中島京子

自分らしさにもがく人々の、ちょっとだけ奇矯な日々。客に共感メールを送る女性社員、倉庫で自分だけの本を作る男、夫になってほしいと依頼してきた老女。中島ワールドの真骨頂！

ファイナルガール　藤野可織

私のストーカーは、いつも言いたいことを言って電話を切る（「去勢」）。リサは、連続殺人鬼に襲われ生き残るというイメージから離れられなくなる（「ファイナルガール」）。戦慄の7作を収録した短篇集。